夢中になれる小児病棟

子どもとアーティストが出会ったら

松本恵里

英治出版

はじめに

時間を忘れてお絵描きや工作をする子。心から楽しそうに歌い踊る子。力いっぱい身体を動かす子。本を読んだりお話をつくったりするのが好きな子。無心になって冒険や観察をする子……。子どもたちを見ていると、湧き出る好奇心に駆られ、エネルギーいっぱいに一日いちにちを弾けるように生きていると感じます。それぞれ自分の好きなことがあって、それに取り組んでいるとき、その瞬間に夢中になっています。みなさんも、子どものころを振り返ってみると、そうやって好きなことに夢中になっていた時間が思い出されるのではないでしょうか。

そんな子どもが小児がんなどの難病にかかり、長期の入院や過酷な治療を余儀なくされることがあります。幼い子どもが、命と向き合いながら生活しなくてはならないとは、なんという不条理でしょうか。私は、40歳を過ぎて教員免許を取り院内学級に配属されるまで、病院の子どもたちの生活をよく知りませんでした。

長期入院する子どもの日常は、病棟の中にある病室と診察室とプレイルームの行き来だけ。

治療のためにやりたいことも我慢しなくてはなりません。痛みや不安や恐怖、そして孤独、社会からの疎外感。きょうだいや、入院前に通っていた学校の友達に会えない寂しさを抱えながら生活します。

一方で、彼らはただ弱々しく横になっているのではありません。体調の良いときは、病棟内の友達とゲームをしたりおやつを食べたり、喧嘩もします。院内学級での勉強も一生懸命、病室ではきちんと宿題をします。

さらに私は、院内学級で子どもたちと時間をともにするなかで、あることを発見しました。日々治療に向き合う彼らは、不安そうな表情をしていることが多いのですが、そんな表情が消えて、心の底から楽しそうに笑っているときがあるのです。なにかをつくっているとき、歌っているとき、自分から進んでなにかに夢中で取り組んでいるとき。そんなときは、我慢しなければならない今の状況や未来への不安からも解放されて、好きなことで自分をいっぱいにしているように見えました。「夢中になれる時間」が長期入院する子どもたちにとって大切な時間であると気づかされたのです。

その気づきがきっかけとなり、アーティストと一緒に定期的に病院を訪問してアートを届ける、NPO法人スマイリングホスピタルジャパン（SHJ）という団体を設立することになりました。「アート」と聞くと美術館や劇場にある作品を想像するかもしれませんが、私たちはアートを主体的、創造的に自分の手でつくり上げていくものと捉えています。

活動では、子どもとアーティストが一緒に楽器を演奏したり、お話をつくったり、大道芸の技に挑戦したりします。感性を呼び覚ますような驚きやワクワク、「やりたい！」という気持ちを子どもたちが持てるようにして、さらに実際にやってみること。そうすることで、「夢中になれる時間」を生み出しているのです。


活動では、こんな風景を目にすることができます。


病棟のプレイルームで、新聞紙で被り物や衣装をつくる活動をしていたときのこと。夕方に手術を控える5歳の女の子が、看護師さんに「終わるころに迎えにいくから楽しんでおいで！」と促され、お母さんと一緒にやってきました。

先に来ていた男の子たちは、武器をつくりマントをひるがえして、ヒーローになりきり大騒ぎしています。

女の子は手術への不安からか、しばらくぐずっていましたが、周りの楽しそうな様子を見るうち、やがて「お姫様になりたい」と小さな声で伝えてくれました。

アーティストは、すかさずふわっと広がるドレスをつくりました。背中には大きなリボンを添えて。そしてお花のベルトにお花の腕輪。

女の子も見よう見まねでお花の飾りをたくさんつくって、ドレスにあしらいます。

ティアラや大きなリボン付きのベールも一緒につくり、ドレスやお花とともに身にまといました。

その姿を鏡に映してもらうと、うっとりと誇らしげ。

もっともっとつくりたくなって、お花をさらに増やします。

いつの間にか泣きやみ、少し笑顔になっていました。


そこへちょうど看護師さんがお迎えに。

ドレスを着たまま、ぐずることなく手術室へ行く女の子を、プレイルームで見送りました。

お気に入りのドレス姿でキリッと決意を秘めた表情で手術に向かう少女。

その姿は凛としていて、とても綺麗でした。


女の子は、ドレスづくりに夢中になることで、治療への不安を少しの間忘れ、手術室に行く勇気も持つことができたようです。活動のなかでは、こうした場面が日々生まれています。

この本では、活動がどのように始まり、小児病棟や子どもたちにどのような変化が起きたのかを紹介していきます。1章、2章では活動が生まれる前の私の個人的な経験、3章以降では実際に活動がはじまり変化が起こっていった様子を書いています。どの変化もさまざまな立場の人の思いが重なって生まれたもので、私が予期していなかったことも多くあります。章の間のコラムでは、そんな変化に関わったアーティストや病院関係者、団体スタッフ、家族などの声もご紹介します。

この本を読んでいただくことで、病いや障がいと闘っていても、子どもは自分らしく豊かに過ごせることを知っていただけたら嬉しいです。そしてそれが小児医療現場のさらなる変革へと繋がることを願ってやみません。

団体設立から9年経った今、地域の拠点病院や県立の小児病院、小児がん拠点病院を含む、病院及び施設での活動回数は、北海道から沖縄まで14都道府県で年間500回以上。参加者は年間延べ1万人を超えます。登録アーティストは約160人になりました。

しかし、そこへ行き着くまでに、私にとってどん底と言っていい数年間と、大きな出会いがありました。まずは、子どもとアーティストが出会う前、私に気づきを与えてくれた日々について、お話しさせてください。

夢中になれる小児病棟◆もくじ

第2章

院内学級という原点

第4章 子どもが変わる、家族が変わる、現場が変わる　107

［編集部注］

・本書に登場する子どもの名前はすべて仮名です。

・本書はユニバーサルデザインフォントを使用しています。

第1章

患者になってわかったこと

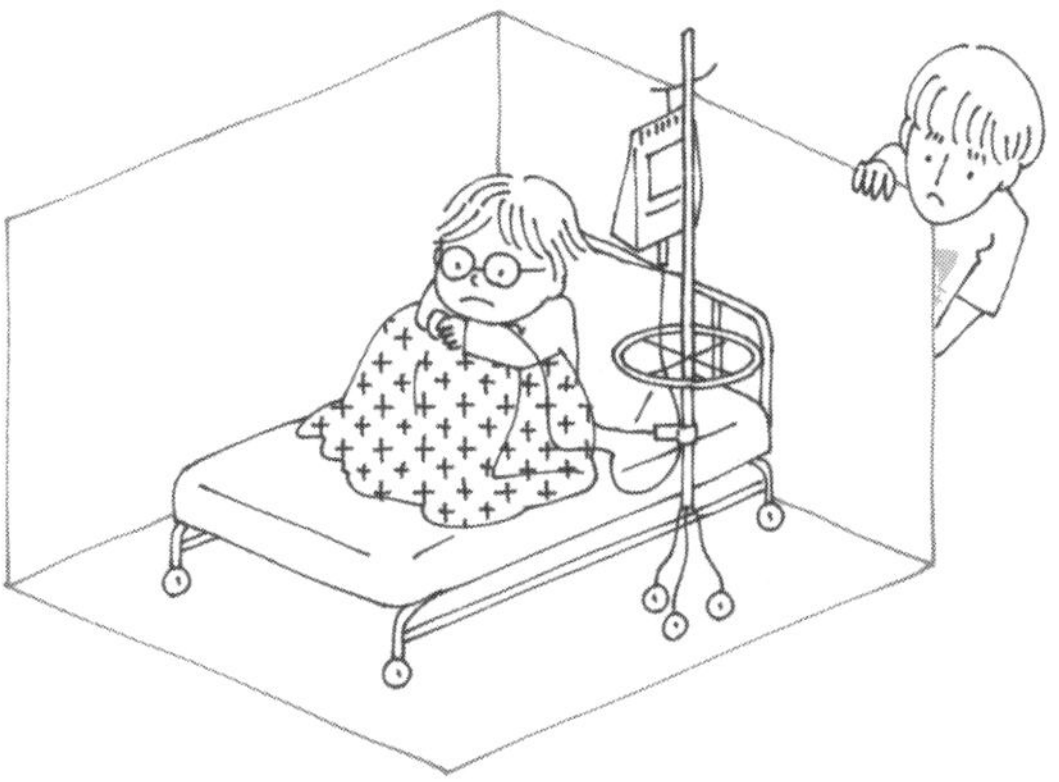

私が患者になった日

2000年6月20日。この日の記憶は午前6時20分まで。私は交通事故に遭遇しました。早朝の交通ニュースは、この事故とそれに伴う停電や渋滞を伝えていたといいます。

大型トラックとの出合い頭の衝突事故の瞬間から意識不明となり、その直前のことすら記憶にありません。脳挫傷と肋骨の多発骨折による血気胸で、病院に運びこまれた当初は、いくつもの管が身体につけられていたのだといいます。幸い脳挫傷による出血は早い段階で止まり、肺からの出血が止まるかどうかが生死を分けるハードルでした。

「奇跡が起こった。肺からの出血が治まってきたよ！　助かったんだ！」

朦朧とした意識のなかで、命を取り留めたことを、覗き込みながら息を弾ませ伝えてくれた担当救命医の満面の笑顔は、今もはっきりと脳裏に焼きついています。

このあと、少しずつ肺の状態が回復し、右肩甲骨複雑骨折の手術を受ける態勢が整ったのは入院してから3週間後。救命救急センター、ＩＣＵを経て、半日かけて手術をしたあとは一般病棟へ移動することになりました。

このころには意識ははっきりとしていましたが、上半身はコルセットで固められ、右肩から手首まではギプスと包帯でぐるぐる巻き。当然ベッドから離れられません。ギプスから覗いた右手は、指先まで自分の意思ではまったく動きませんでした。動かそうという気力さえなかったように思います。点滴に耐えられる血管を求めてやがて足の甲に針が常に刺されるようになり、かろうじて握力のあった左手に、ナースコールが握らされていました。

自分には縁のないことと思っていた、長期入院生活。患者として長期間ベッド上で過ごすということ。治療を受けるだけの存在になった私は、無力感、やるせなさで心を塞いでいました。身体が動かないぶん、頭のなかではあれこれとマイナスのことばかりがぐるぐると忙しく浮かんできます。

事故の前にしていた教員免許取得に向けた勉強も、子どもたちと週に2回通っていた剣道も今はできない。何気なくしていた愛犬の世話や庭を手入れする瞬間が、とても尊いことのように思えました。

これからはどうなるのだろうか。

いつまでこの生活は続く？

退院したとして、この腕は動くようになるのだろうか。

動かないとしたら、好きな運動はできなくなる？

子どもとの夏休みの旅行は……。

英語教員の夢は諦めるしかないだろうか。


ベッドに横たわって天井を眺めていると、過去の自分への羨ましさと、未来への不安が、頭のなかを絶え間なく駆け巡ります。今になって思い返すと、あのころの私には、「今」の自分に目を向ける時間がありませんでした。苦痛や不安、無念さが怒涛のように押し寄せてくるなかで、今の自分がやりたいこと、今の自分が楽しむことに目を向ける余裕なんてなかったのだと思います。ひたすら治療を受け、手当てされる無力な抜け殻の日々。自分というものがなくなるような感覚でした。

天井を眺めながら、じっと周りの音を聞いていました。動き回る白衣が擦れる音、響く電子音、そして行ったり来たりする看護師さんのパタパタという足音。しまいにはこの軽やかな足音は○○さん、この重々しい足音は○○先生と、足音の持ち主まで判別できるほどになっていました。

あ、誰かが点滴台を押しながら廊下を歩いてくる。さっき出ていったこの部屋の窓側の患者さんが戻ってくるのかな。医療器具が載せられたステンレス製のトレーが、ワゴンに揺られてカタカタとやってくる。どこかの部屋で誰かがナースを呼んでいる。ナースの小走りが続く。あの音は夕飯を運ぶワゴンに違いない。心なしか病院食の匂いが一緒に運ばれてくる。

そんなふうに一日が過ぎていきます。音があってよかった。匂いがあってよかった。音と匂いで情景を想像して楽しんでいました。空想は身体が言うことを聞かないなかでの、ささやかなエンターテイメントでした。

長く長く、ひたすら長く感じられる一日。単調で退屈な一日のなかで、唯一の自由であるそんなささやかな空想にも、痛みと不安が邪魔をします。

だれかおもしろい話をして笑わせてくれる人が来てくれたら。歌をきかせてくれる人がいたら。そんな刺激があったら気がまぎれるのにと考えることもありましたし、そっとしておいてほしいという内向きな気持ちもありました。

術後の痛みが疼《うず》くなか届いたのは、事故に遭う少し前に仕上げて提出していた文芸英訳の下訳が製本されたものでした。それを見て、時は流れていたのだと気づきました。病院にいる間は、時間の止まった世界に閉じ込められていたように感じていたのです。

もっとも、ベッドテーブルの上に置かれたその本を、腕を伸ばして手に取ることはできません。

それでも、家族にペラペラとめくってもらうと、事故に遭う前の忘れかけていた自分の一部を思い出すような感覚になりました。

ああ、ここの訳、苦労したなあ。息子の足がワープロのコードに引っ掛かりコンセントが抜けて、夢中で打ち込んだ訳文があっけなく数ページ分消えて泣きそうになったんだっけ。あらためて翻訳の苦労があれこれ思い出されました。子育てが一段落して、思いきって挑戦した初めての翻訳。苦労はしたけれど、充実した日々だったなぁ、そう思うと同時に、こんな声が自分のなかから聞こえました。

しかし、今の自分はどうだ？　ペン1本握れない……。

そのうちベッド上でできるリハビリがノルマとなりました。4人部屋のカーテンを閉め切り、なぜかこそこそと隠れて、一人でメニューをこなしていました。こんな身体になってしまった自分が情けない。痛みに耐える姿を見られたくない。この期に及んでそんな見栄は捨ててしまいたいのに。悶々とした孤独な日々が続きました。

事故に遭ってから2ヶ月後、やっと1泊の外泊許可がおり、自宅に戻ることができました。

玄関先のたった3段のステップを上れないことに、ショックを受けました。寝たきりの生活が長かったせいで、足腰の筋力がかなり落ちていたのです。1段足をのせるたびにぐらりとふらつき、娘につかまってなんとかリビングルームのソファにたどり着いたのを覚えています。

自分の身体ではないかのような感覚は病院に戻ってからも数日続きましたが、動くうちに、やせ細った足ながら、院内の移動は一人でできるようになっていきました。理学療法室へ通ってリハビリを行うようになると、ようやく萎えた手足の筋力が少しずつ戻ってくる手応えを感じるようになりました。ペン1本握れない自分から脱却しよう。回復が実感できるようになると、そんなふうに意欲が少しずつ芽生えてきました。

家族が入院するということ

意識が戻りはじめた当初、家族は大変な毎日を過ごしていたはずなのに、私はといえば朦朧としたまま、家族の生活への影響の大きさには思いが及びませんでした。動かない身体に、「なぜ?」と自分の辛さばかりを恨む日々でした。

子どもは救命救急センターに入れないからと、娘と息子は、メッセージテープをせっせと届けてくれていました。病棟に移ってからも、下校後、毎日お見舞いに来てくれました。

「私ね、覚悟したんだよ、あのとき」と中学2年生だった娘が語ったのは、退院して随分経ってからでした。母のいない日々をどんなふうに過ごしていたか、話せるタイミングを待っていたのだと思います。小学校4年だった息子も幼いながら、身の回りのことをできる限り自力で頑張っていたようです。


日常は一変し、当たり前の存在が当たり前でなくなる。

一つだった生活の場所が二つに分かれ、それぞれが孤独と隣合わせになる。

話したかったことも、楽しみにしていたことも封印しなくてはならなくなる。

自分のことは自分で解決しなくては、もっと頑張らなくては、我慢しなくては、と一人ひとりが自分を追い詰め心に蓋をしてしまう。


家族が入院するというのは、そういうことなのだと思います。

なにもできない自分

退院してからは週に5日間リハビリに通いました。毎日1時間みっちりのメニュー。負けるものか！　動けるようになるんだ！　リハビリをしていると、空虚だった気持ちが少し和らぐのですが、帰宅すると決まって虚しさに襲われました。

「リハビリ以外、何もしなくていいから」
「とにかく、危ないからじっとしてて」
「いいから、いいから。ソファで休んでて」

少しでも手伝おう、リハビリにもなるからという思いで台所に立つと、家族にそう言われてしまう。家族に優しくされればされるほど、むしろあてにされない虚しさを感じてしまうのです。家族はそんなつもりはまったくないはずなのに、まるで邪魔だから自分の動線を妨げないでくれと言われているような卑屈な思いさえも襲ってきました。

動けない自分、動くことを制止される自分。

当たり前にこなしていた家事も、時間をかけてやっと洗濯物を片手でたたむくらいがせいぜいのところ。

自分は役立たずの価値のない人間に成り下がった。

家事もできない、子どもの面倒も見られない。

帰るなりバタバタと忙しそうに動き回る家族のなかで、身の置き所が見つからない。

自分が情けなくちっぽけに思えて、涙が出ました。


事故に遭う約1年前、私は学校で英語を教えたい、教室で子どもたちに囲まれたいと一念発起して、通信制大学に入り、教員免許取得を目指していました。長期入院のために、一旦休学を余儀なくされたその通信制大学に復学するか否か。その決断の期限もじわりじわりと迫っていました。リハビリ通院から帰宅した昼下がりはいつも、陽の当たらないダイニングテーブルに一人、大学からの書類を前に途方にくれていました。


まず右手が使えないとなると、膨大な数のレポートを仕上げることができるのか。

年4回の試験に向けた準備のため、背中の痛みに耐えながら、机に向かえるのか。

３週間の教育実習は？

待って。どうしても取りたかった教員免許ではなかったの？

でも今の体力と痛みでは自信がない。これ以上の敗北感は味わいたくない。無理。

いいの？　夢を諦めるの？


堂々巡りをしているうちに、「どうするつもり？」とばかりに、陽は傾き西日が書類を照らします。そろそろ子どもたちが帰宅する。思い悩む暗い顔はここまで。あと1週間考えよう。

そんな日々がしばらく続きました。

これからどう生きるのか

しかしそのうち、この事故を通して、「これからどう生きるべきなのか」を考えるチャンスと時間が自分には与えられたのではないか、と感じるようになりました。

せっかく救われた命をもっと大切にしたい。自分に正直に生きるべきだ。そんな想いが強くなっていったのです。これはショック療法なのだから、思い切って自分らしい道に一歩踏み出すべきだ。そう確信したものの、痛みと不自由な身体を思うと、その確信が揺らぎます。

復学の期限があと2日と迫っていたその日も、私は揺らいでいました。やっぱりやめておこう。この身体では無理。でも……。それがある瞬間、心がそっくり入れ替わったような感覚を覚えました。「復学する。この事故が、自分に正直に生きなさいと教えてくれたはずだから」。素直にそう思えたのです。

当時はまだ手書きレポートの時代。動かない右手の代わりに左手でレポートを書きました。背中の痛み、右腕の可動域の狭さ、そして痺れと不随意運動に苦しみながらも、執念深くなんとか勉強を続けました。学校で英語を教えること、そして自分の人生を歩むという希望を力に、なんとか自分のペースですべてのレポート、試験を終え、単位を取得したのは事故から4年が経ったころでした。

その後は3週間の教育実習。大学生にまじって、一人だけ40過ぎだった私は、目立っていたことでしょう。しかし、受け持った子どもたちは私をからかったりするどころか、事故の後遺症で右腕が上がらず板書もおぼつかないことを理解してくれ、見にくい文字に、文句一つ言いませんでした。放課後の掃除のときは、私が机を運ぼうとすると、「先生、それ僕がやるから先生はこれ！」と言いながらホウキを渡してくれる子もいました。子どもたちはあれこれ助けてくれ、何度感動したことかしれません。

目標に向かっていると身体もよく動くようになり、軽いまひと痺れ以外は忘れてしまうほどに回復しました。

病院の入学式

教員免許を無事取得し、配属された学校は、難病や障がいによって長期入院を余儀なくされる子どもたちのための院内学級でした。このときほど運命を感じたことはありません。これは、動かない身体を押して、教員になる夢を捨てないことを選んだ私に送られたエールなのだと思いました。自分に起こった試練を決して無駄にしてはならない。患者になった経験を、教員として子どもたちに寄り添うための力に変えなさい。まずはここでもっと勉強しなさい。子どもたちから教えてもらいなさい。そんな導きだったように感じます。

院内学級は、地域の拠点となる小児病棟がある病院を中心に設けられています。私はその一つに赴任しました。院内には専用の教室もありますし、授業は個別授業が中心ですが、普通の学校と同じようにさまざまな教科があり、テストや行事もあります。

赴任初日の入学式。会場となる教室の壁は紅白の横断幕で囲まれ、花紙でつくった飾りや折り紙を連ねたリング飾りでぐるっと囲まれたホワイトボードには、「ご入学おめでとうございます」と書かれていました。教室には、私を含めて教員が9人、子どもたちが15人ほどいます。

「新1年生はこちら、在校生はその後ろに座ってください」

教員の案内をかき消すほどワイワイ賑やかなのは、点滴台を押しながらやってきた在校生でした。その後ろをついていく新入生は、「僕の座るところはどこかな?」とキョロキョロと自分の椅子を探しています。ただベッドで横になって治療を受けるだけではなく、ちゃんと学校という主体的に学べる居場所がある。緊張した様子はありながらも、表情はどこかそのことを誇らしげに思っているように見えました。

式が終わると病院の外に出て桜の下で記念撮影。次の日からオリエンテーション、学級びらき、授業……普通学校の日常とまったく変わりません。ただ子どもたちは点滴台を押していたり、頭に包帯をぐるぐる巻きにしていたり、車椅子やストレッチャーに乗って移動していたりします。病気を抱えたもの同士、お互いの大変さを深いところで理解し、思いやっているように見えました。

彼らと話してみて驚いたのは、そんな彼らがキリリと毅然とした表情で、病気のことを話してくれたことです。

「治すためには、とても辛い副作用が起こる薬を飲まなきゃいけないんだ。それが本当は怖くて嫌なんだけどちゃんと飲まなきゃ」

周りに心配をかけないよう、苦しさをなるべく表に出すまいと気を使う様子もありました。現実を受け止め立ち向かっている彼らの姿を見て、はっとしました。私はここ数年間の自分の苦しみを生徒たちに重ね、まるで同志に会いに行くような気持ちでいました。しかし、目の前にいたのは、痛みや不安で悶々とすることの多かった自分が恥ずかしくなるほど立派な、勇気を持って病気と闘う小さな勇士たちだったのです。

そんな彼らを見て、生きる楽しさや喜びをたくさん味わってほしいと感じました。のびのび素直に自由に過ごせる時間をつくってあげたいと。

第2章 院内学級という原点

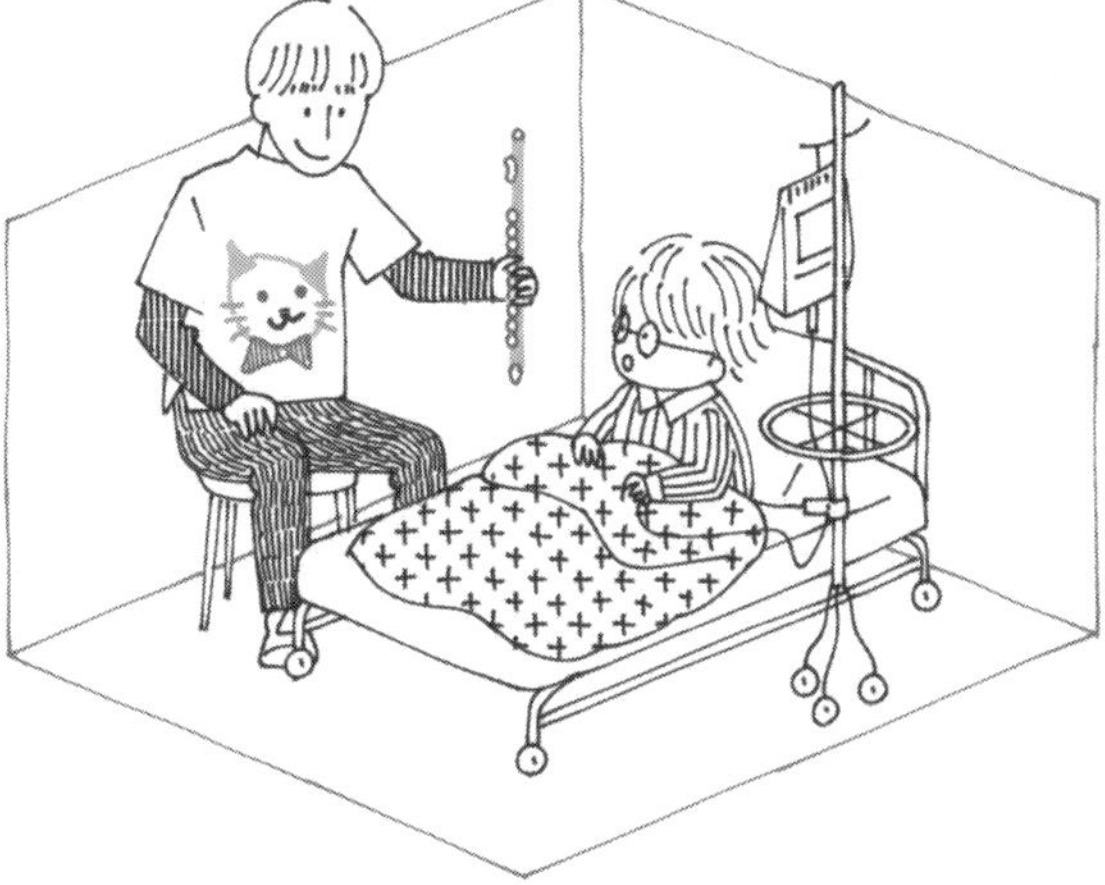

「残された時間」を前にして

教員になって初めて担任を受け持った優くん。

難病を発症してすでに数ヶ月の入院生活を送っていました。ベッド上を無菌状態にする透明ビニールのカーテン、クリーンウォールを通しての始業式に、私も立ち会いました。手指の消毒をし、無菌室用のガウン、帽子、マスクを着用して校長先生と入室。形式的なやりとりを済ませ、午後あらためてゆっくりと病室を訪問しました。

「ほら、先生が来てくれたよ」

「先生？　来てくれてありがとう」

なんて礼儀正しいのだろうと感心していると、次に耳にしたのは、こんな言葉でした。

「先生、ごめんね。僕、もう目が見えなくなって、せっかく来てくれたのに先生のことが見えないんだ……」

発病してから何ヶ月も入院し、治療を頑張ったにもかかわらず身体の機能が低下していく。そんな状況でも私のことを気遣う優くんを目の前に、こんなことがあっていいのか、不条理すぎはしないかと、やり場のない怒りを強く感じました。かたわらにはわが子に起こっている現実を見守るお母さんの姿がありました。その毅然とした表情は、悲しみをなんとか振り払い、運命を受け入れているかのようでした。

優くんはこのとき、すでに治療ではなくターミナルケアを受ける段階でした。残された時間を宣告された生徒を受け持つことになったことに戸惑いながらも、担当していた英語と国語の授業の時間以外も、とにかく空いた時間は彼の部屋へと足は向かいました。

残された時間に、少しでも生きる喜びと楽しさを実感してほしい。そのためには、教科書を読んで聞いてもらうだけではダメだ、と思ったのです。限られた時間のなかで、ほとんど動くことのできない優くんとクリーンウォール越しに何ができるのか、考えることはそればかりでした。

主治医をつかまえては、「クリーンウォールに入って一緒に活動することはできるのか」「どのくらいの時間ならそばにいていいのか」と質問攻めにしました。先生、なんとかしてください！　頭では状況がわかっていても、そんな気持ちもあったのだと思います。

新米教員で病気のことも勉強不足な私は空回りし、職員室で先輩教員にアドバイスを求めても、医療スタッフに関わり方を聞いても、返ってくるのは、「もはやなにかをする、という段階ではない」「ゆっくり話し相手になってあげてください」という言葉だけでした。病状の悪化により面会時間は日に日に短くなっていきます。何を話せばいいのかもわからず、自分の運命を受け入れ静かに病いと闘っている少年を前に、非力さを思い知らされ唇を噛むばかりでした。

一教員として、一人の人間として無力感に押しつぶされるうちに容赦なく時間は過ぎ、3週間後に悲しい日が訪れました。

人生の叡智は逆境が教えてくれると言いますが、私にとってのそれは、まさに優くんとの3週間でした。自分は瀕死の事故から生還し、たび重なる手術と長期の入院に耐え、長く辛いリハビリを乗り越えたのだ。だから、病気の子どもの気持ちもわかるはず。心のどこかでそう思っていましたが、それは単なる自分の驕りだったと気づかされました。力なく横たわり発した優くんの言葉に、頭を強く殴られたような衝撃を受け、ただその場につっ立って身動きさえできませんでした。

「先生、ごめんね」

初めて会った日、今にも消え入りそうな命をふりしぼって、彼にこう言わせた自分ってなんだろう。しかし、彼は私に無力感や悔しさだけでなく、大きな問いも与えてくれました。

病気と闘う子どもたちが、病気のことを忘れて、自分らしく楽しめる時間をどうやったらつくれるのだろうか。

残された時間がわずかであっても、その子らしく充実した日常を過ごすことこそが、今を生きる子どもの尊厳につながるはず。「優くん、君ならどう思うだろう……」。心のなかでそう問いながら、模索する日々が始まりました。なすべき使命に気づかされた、という感覚でした。子どもたちは、なにに興味を示すのか。心からの笑顔を見せるのはどんなときか。その瞬間を見逃さないように、職員室での業務そっちのけで病棟に身を置くことが多くなっていきました。

「後悔なんかで今日という一日を無駄にしないで！　命をどう使うか考えてよ、先生」

まるでそう優くんに背中を押されているかのようでした。

院内学級を知っていますか

院内学級というのは、「病院内に設置された学習の場」の一般的な呼称です。

全国に千以上ある特別支援学校の分教室として、または区市立学校の特別支援学級として病院内に設置され、授業が行われています。院内学級のない病院に入院している子どもには、管轄の特別支援学校の教員が訪問し、授業を行います。

私は二つの病院の院内学級に、計7年勤めました。この経験が今の活動に大きな影響を与えています。院内学級のあり方は現場によってさまざまですが、私の経験に基づいて、院内学級の仕組みやその役割、入院する子どもやご家族をとりまく状況などをご紹介していきます。

通常、入院が1ヶ月以上になるという診断がおりると、元々通っていた学校を退学して院内学級に転校し、学籍を異動することになります。なかには入院予定が1週間でも学籍を異動できる、または学籍を異動せずに授業や学校行事に参加できる院内学級もあります。

子どもの入院が決まると、担当医師から院内学級に連絡があります。担当の教員が保護者や子どもに対し転校についての教育相談を行ったうえで、転校の手続きが済むと、授業やその他の学校活動が始まります。

医師の許可があれば、院内学級に登校し、安静が必要な場合はベッドサイドで授業を受けることになります。通常の学校と同じように、年間を通して遠足、学習発表会、作品展、校外学習、芸術鑑賞会など、各行事を行う場合が多く、入学式、始業式、卒業式などもあります。

文部科学省が出している「病気療養児の教育について（審議のまとめ）」（平成6年）によれば、院内学級の役割として、「学習の遅れなどを補完し、学力を補償する」ことに加えて、「積極性・自主性・社会性の涵養《かんよう》」、「心理的安定への寄与」、「病気に対する自己管理能力」、「治療上の効果等」の4点が挙げられています。

手術、血圧測定、採血、レントゲン、服薬、入浴……。

入院生活は案外忙しいもの。いろいろな処置の合間にしっかり身体を休めなくてはなりません。院内学級の授業は、そうした治療の合間にあります。当然、宿題も出ます。入院してるのに勉強？　しかも宿題までやらされるの!?　という声が聞こえてきそうです。

しかし、学校という場が、闘病を前向きにさせる面もあるようです。退院して、入院前に通っていた学校（「前籍校」と呼ばれます）に戻ったとき、みんなと同じ進度でいたい一心で教科書に向かう子もいます。「するべきこと」があることで、病気から気持ちをそらすことができますし、院内学級には一緒に頑張る仲間もいます。

治療だけ受けていればいい、薬を飲んで寝ていればいい。それでは治療に加えて、「退屈」というもう一つの憂鬱を抱えてしまいます。

だからこそ、子どもの心に寄り添いながら、子どもが治療と並行して学校教育を受ける環境と、体調に合わせて活動し成長する場をつくることが院内学級の役割だと、私は解釈しています。

まず、子どもたちが治療と並行して学校教育を受けるための工夫を見ていきましょう。院内学級の授業は通常学級の教育課程とほぼ同じ内容に、「自立活動」という科目が加わったカリキュラムです。自立活動についてはここでは詳しく述べませんが、病気や障がいに基づく種々の困難を、主体的に改善・克服するために行う授業です。

学年ごとの時間割が組まれていますが、授業自体はその場にいる生徒たちが同じ単元を受けていない限り、個別学習となります。教員は一人ひとりに合わせた授業準備、教材作成を行います。教科書は各院内学級が指定しているものも配布されますが、ほとんどの場合、前籍校のものを使用し、個別に学習を進めることになります。定期テストも一人ずつの進度に合わせたものをつくります。

退院後、順調に復学できるように、学習の遅れをできるだけ補完することは、もっとも重要な課題の一つです。退院が近づくと、教科ごとに前籍校の進み具合を確認し、進度を合わせられるようにします。自分だけ学習が遅れてしまうことは、多くの子どもの最大の心配事の一つです。

また、退院後の学校生活にスムーズに戻ることができるよう、院内学級の担任は前籍校の担任と連携してクラスとの交流の機会をつくったり、学級通信のやりとりを行ったりといった、心理的なサポートもします。

学校で変わらない毎日を過ごしている仲間たちのことを思い描きつつ、場所は変わってしまったけれど一緒に勉強しているのだという意識を持てることは重要です。そうすることで、孤独な闘病生活のなかで自分の存在を実感できますし、治療を頑張って早く前籍校に戻るのだという思いが、闘病への活力にもなります。

そして、先述のとおり、院内学級の教員は、学習のサポートだけではなく、子どもたちが体調に合わせて活動し成長するためのサポートもします。放課後に病室を訪問して、入院しながらできること、やりたいことを実現するサポートをしたり、困っていることを一緒に解決したりします。たとえば、入院前にやっていた趣味をどうしたら今の環境で再開できるか一緒に考えたり、わからない学習の部分を職員室に気軽に聞きにいくことができないという子とは、どうしたら質問しやすくなるか話したりします。放課後ならではのおしゃべりに花を咲かせ、子どもたちの心をほぐすのも大切です。趣味や好きな有名人が共通していたらグッと距離も縮まります。子どもの方から職員室を覗きに来て、宿題の質問をしたり学習発表会の準備を一緒にしたりということも起こります。

授業でのサポート、授業外のサポート、どちらにおいても、子どもたちの心の状態に寄り添うことが重要であることは言うまでもありません。

短くて数ヶ月、長くて数年の関わりですが、退院後、外来受診のあとに職員室に会いにきてくれる子どももいます。院内学級の教師として務めた7年間に出会ったたくさんの子どもたちのなかには、社会人になってからもときどき近況報告をしてくれたり食事をしたりする子もいます。初任給でプレゼントをしてくれた子どももいました。

子どもたちにとって院内学級はあくまでも一時的に身を置く場所です。しかし、困難にあるときの出会い、そしてその困難へ立ち向かい一緒に頑張る時間が、生徒の生涯において大きな意味を持つのだと思います。

子どもが入院するということ

日本全国で、15歳未満の入院患者数は、約2万7500人（厚生労働省「平成29年患者調査」）いるといいます。

多くの子どもは、まず入院が決まると「なぜ？」と、現実を受け止めることがしばらくできないようです。治療は痛いのかなという不安や、手術への恐怖があるうえに、突如として転校を強いられ、自分の居場所から引き剥がされるのです。学校やクラスの仲間たちとつくってきた大切な関係性を失っていくことへの恐怖や寂しさもあるでしょう。

入院して数日たち、院内学級の説明をしに教員がベッドサイドを訪れると、「いんないがっきゅう？　興味ないや。自分の学校はここじゃない。そんなことより、一体何が起こってるの？」といった表情に出会うのがお決まりでした。

また、大人に比べて、子どもは感染症を病棟に持ち込むリスクが高く、友達はもちろん、きょうだいさえも、なかなか面会に訪れることはできません。

外には出られないし、自由に好きなこともできない。

友達にも会えず、勉強も遅れてしまう。

通っていたお稽古はどうなるのだろう。

退院したって、そんな僕とみんなはまだ友達でいてくれるかな。

忘れられてしまわないかな。

いつまで病院にいなければならないのだろう。


難しい顔で病気について説明するお医者さん。

不安そうに耳を傾けるお父さん、お母さん。

看護師さんは優しくにこやかだけれど、かえって同情されているような、ごまかされているような行き場のない怒りが込み上げたりする。

慰めなくてもいいよ。それより僕は、私は一体どうなっちゃうの？

本当のことを教えてよ！


こうして先が見えない不安と寂しさ、孤独を強いられるのです。

また、長期入院しなければならない病気にかかってしまった自分を、責めてしまう子どももいます。病気や治療の痛み、孤独や不安に加え、周りに迷惑をかけているのではという自責までも彼らを苦しめるのです。

お母さんが悲しそう。泣いている。
そういえば普段忙しいお父さんが、会社を休んで来てくれる。
小さい弟は病棟に入れないからお留守番だ。
自分のせいで、家族は大変なんだ。
これ以上悲しませないように、迷惑をかけないように我慢しなくちゃ。

そうやって「ほんとうのきもち」に蓋をして、気丈に振る舞う子どもも多くいます。

病棟で出会った子どもたち

病棟に積極的に身を置くようになって以来、多くの時間を子どもたちとともに過ごしてきました。教室やベッドサイドでの授業、放課後の病室訪問……。宿題がわからないと職員室を訪ねてくる生徒もいて、病院にいるあいだ中ほとんど彼らと過ごしていたと言っていいくらいです。

先述のとおり、彼らは闘病の苦しみや寂しさ、不安などを抱えながら日々を過ごしています。しかし一方で、そんな心の内側と折り合いをつけながら、限られた環境のなかでいかに楽しむか、自分らしく前向きに過ごすかを工夫する姿も目にしました。院内学級の仲間たちとともに学び、周囲の人々との関わりを通して自分というものを確かめていたようにも思えます。

病気と闘いながら頑張れる自分に、誇りを持っているように見える瞬間をいくつも発見しました。

✿✿

拡張型心筋症と診断された小学5年生の正人くんは、入院しながら心臓移植のための渡米を待っていました。ひょうきんで人を笑わせるのが大好きな男の子で、いたずら好きなところが私と気が合いました。

小型の冷蔵庫ほどもある人工心臓に繋がれ、容易に病室から出られない。それでも辛いなどと文句の一つも言わない。そんな明るい正人くんはみんなの人気者で、数人の医療スタッフを従えて、どこかに出かける姿を廊下でよく見かけました。放課後になると病室で、いろんなビーズをあしらったミサンガづくりで何度も盛り上がりました。

改正臓器移植法が2010年7月に施行され、日本でも臓器提供者の年齢制限がなくなり、小児からの脳死臓器提供が可能になりました。しかし正人くんが入院してきたのは改正前。外国人への臓器提供を認めない国は多く、渡米する以外治す方法はありませんでした。費用を集めるために、「正人くんを救う会」が有志により設立され、募金活動が始まりました。

必要額が集まるまで渡航は叶いません。それをいつまで待てばいいのか、見当もつきません。周りの大人は、正人くんが塞ぐことのないように励ましました。しかし、彼は自分への同情がかえって辛かったのか、「大丈夫、僕は平気だよ」とばかりに、当時流行りの芸人のモノマネをしては爆笑を呼んでいたものです。大人を笑わせるのが当時の彼の一番の喜びだったのかもしれません。自分のおどけた姿を見て周りが笑うと、とても誇らしげな表情をしていました。家族、医療スタッフや教員にとっても、周りを笑わせてばかりいた正人くんの屈託のない笑顔と明るさが励みとなっていたようです。

単に受け身で助けられるだけではない。病気であっても、自分が楽しませることに喜びと誇りを感じる。そんな正人くんの力強さは、今でも印象に残っています。その後、正人くんは、集まった募金で無事渡米し手術も成功、今ではすっかり元気になったそうです。

＊＊

3歳のころに小児には珍しい固形がんを発症した玲くん。入院での治療を経て、一時は退院して大好きなサッカーの練習に励んでいたのだといいます。しかし時を置かずして再発し、再び長い入院生活を余儀なくされました。彼は中学に入って私の勤め先の病院に転院し、1年後に担任として深く関わるようになりました。

長い闘病生活を経験してきたからなのか、年齢よりもはるかに成熟した彼の言葉は、説得力と重みがありました。一緒にいると自分の未熟さを見透かされている、そして、試されているような気持ちになりました。

「ねえ、先生だったらどうする？」

「これってあんまり人に言わないほうがいいかなぁ」

心の深いところまでぐいぐい入ってくる言葉。狭い穴ぐらのような個室の病室で、秘密会議のような雰囲気になったこともありました。もっとも、気の利いたことなど言えるわけもなく、私はもっぱら聞き役になりました。それでも玲くんの考えに耳を傾けている時間は豊かな時間でした。

努力家の彼は英検を受けるための準備を始めました。筆記試験は院内学級で受けることができますが、二次試験の面接は、外部の会場に行かなくてはなりません。筆記試験を高得点でパスすると、病院から一番近い会場を選んで外出許可をもらい、担任である私も同行のもと、面接を受けました。帰りは帰宅予定時間を少し延ばして、餃子を食べに行ったのもいい思い出です。シャイな彼は会話は苦手だったけど、本番さながらの練習を何度も繰り返した成果が実り、2回目の面接で見事合格しました。

体力はだんだん落ちていくなかで、高等部に入学すると「医者になる」夢を語ってくれるようになりました。そのためにはどんな準備をしたらいいのか、主治医に相談しながら、参考書をお母さんに買ってきてもらっていました。病室は書籍の散乱する受験生らしい勉強部屋と化しました。

しかし、それから間もなく、彼が危険な状態にあるという報せを受け、私は自宅から病室に駆けつけることになりました。支え続けてくれたお母さんのためにもっと頑張りたい。彼には、そんな気持ちもあったのだと思います。でもいよいよ苦しくて荒い息を繰り返しながら発した声。

「お母さん、もういいかな」


ギリギリまで頑張った玲くんの最後の言葉がいつまでも心に残ります。

「医者になる」前に、命が終わってしまうかもしれないことは、彼自身も感じていたでしょう。それでも、命ある限り、精一杯自分を生きる。そんな決意を秘めた気高さが彼にはありました。

そんな彼の姿から、今日を精一杯生きること、今この時を大事にすることの大切さを学びました。

「医者になる」という志を置いていったきり、もう会えないけれど、心のなかで「先生、頑張れ！」と言ってくれる生徒たちの一人です。

元気だったうちの子がなぜ？

入院は、子どもだけでなく、家族にも大きな負担となります。

高度医療を行う病院が自宅近くにない場合、必要に応じて遠方での入院となります。近年では、家族が子どもの近くで生活できるような滞在施設が増えてきました。病院の敷地内にある場合もありますし、近隣に設けられているところもあります。それでも、自宅と滞在施設の行き来は大変です。そのため、家族によっては子どもの治療に集中するために引越しをするケースも少なくありません。こうした物理的な面だけではなく、心にも負担がかかります。

幼い子どもがなぜ？
つい最近まで元気で遊んでいたわが子がどうして？
自分の育て方が悪かったのか。
もっと子どもを見ていてあげればよかった。

いろんな経験をしながら成長するはずの時期にもかかわらず、子どもの行動範囲は医療機器に囲まれたベッド上に限定されます。どんな痛みも引き受けるから、できることなら代わってあげたい。でも何もできない。無力感に苛まれ胸が締め付けられるという声を何度も聞いてきました。

重い病気にかかり、長期入院が必要な場合には、告知をするかどうかという判断も、親には重くのしかかります。自分自身もショックを受けるなかで、子どもに伝えるべきか、どう伝えるかは、難しい判断を迫られます（詳しくは、62ページ「子どもに告知するということ」を参照）。

きょうだいの気持ち

親だけではなく、きょうだい（兄弟姉妹）にも負担はかかります。

小児病棟は基本、保護者のみの面会です。だから病棟にいるきょうだいには、なかなか会えません。会えても病棟入り口のガラス扉越しです。

あのとき僕がいじめたから病気になったのかもしれない。そう自分を責める子もいます。

また、家族が入院中のきょうだいにかかりきりにならざるを得ないなか、疎外感や愛情不足を感じることも多いようです。


お母さん、お父さんに自分もかまってほしい。

だけど自分は健康。我慢しなくちゃ。

病気のきょうだいに優しくしてあげなきゃ。

だけどちょっと憎らしい。そんな気持ちになる自分が嫌だ。

親にこれ以上、大変な思いをさせないようにしっかりしなきゃ。

でもめちゃくちゃ寂しい。

入院が終わったあとも、自分は蚊帳の外だった、大切にされなかった、孤独だったという感情がトラウマになって苦しむ、ということも少なくありません。映画『ワンダー君は太陽』では、遺伝子疾患により変形した顔で生まれた10歳の主人公、オギーが両親の心配と関心の的になるのに対して、お姉ちゃんのヴィアが「一度でいいから、私を見てほしい」と心のなかでつぶやく場面があります。「オギーは太陽で、ママとパパと私はその周りの惑星」というヴィアの言葉は、象徴的です。

最近では、きょうだいの苦悩に寄り添うことの大切さが認知されるようになり、社会的な関心が高まってきました。そのようなきょうだいを支援するグループやＮＰＯも増えてきています。

また、病院によっては親の面会中にきょうだいを預かりながら心理的ケアをするところもあります。しかしその数は限られていて、これからますます手を当てていかなくてはならない領域です。

お母さんの涙

一番辛いのはもちろん病気と闘っている子どもです。けれど教員として病室を訪れるなかで、罪悪感や無力感を抱きながら、入院している子やきょうだい、家族のサポートに一生懸命奔走するお母さんたちは、負担が大き過ぎて倒れてしまうのではと感じていました。

パジャマなど衣類の洗濯やベッド周りの整理整頓に始まり、時間を見てきょうだいのために食事の支度をし、再び病室へ戻ってきて簡易ベッドで寝泊まりをする。安静が必要な子どもには、基本週6時間のベッドサイド授業以外は、つきっきり。その6時間の間に用事を済ませます。体調によって授業を欠席する場合は、用事を済ませることができず、それもストレスの原因になったりします。他の家族はそんな母親への寄り添い方に戸惑い、どう協力すればいいのかわからないでいるという話も聞きました。

お母さんたちのそんな日常を見て悩みを聞くうち、母親向け雑用代行ボランティアをしようと思い立ちました。思い立ったら吉日とばかりに、放課後、職員室での教材研究や事務仕事を一気に済ませるとお母さんたちのもとへ行きました。

まずは新しい服を買いに行く暇もないお母さんたちの生活に少しでもうるおいをと考え、通販のカタログを回覧して注文を取り、商品が届いたら病室へ届けたり、帰宅途中でオムツを買い翌朝病室に届けるなど、細々と思いを内緒で実行していました。

こっそりお母さんたちと飲みに行ったこともありました。お母さんたちは、子どもたちの毎日や治療の経過について、ときには家庭内の悩みまで話してくれました。病室を離れたことで心が解放されたのか、涙を流すお母さんもいました。

手作りウィッグが教えてくれたこと

最初は必要なことを済ませるので精一杯だったお母さんたちも、入院が長くなると、さまざまな工夫を凝らしはじめます。わが子が頑張っている。ここにいなければならないなら一緒により良い生活にしようと、前を向いて独自の活動をするお母さんたちがいました。

病気や治療の副作用で髪が抜けることがあります。多くの場合、原因となっている病気や治療が終われば、半年から1年で元通りになるようです。しかし、多くの人にとって髪が抜けることは、人に会いたくなくなるほど辛いものです。小さな女の子だってそれは変わりません。

勤務していた病院では、医療用ウィッグの業者が出入りし、かつらの注文を取っていたのを度々目にしましたが、ひと工夫するお母さんも現れました。ニット帽に毛糸で三つ編みをあしらったとても可愛いウィッグ付き帽子をわが子のためにつくったのです。

このアイデアは病棟の他のお母さんたちの心を躍らせました。希望する子から注文を取ってせっせとつくるお母さんと、それを楽しみに待つ子どもの姿。病棟に当事者同士の思いやりのコミュニティが出来上がっていく様子が強く印象に残っています。

素敵なもの、綺麗なもの、楽しいものは、憧れや楽しい会話を生み、人と人とをつなぐのだということにも気づきました。

親も子どもも嬉しいとき

院内学級勤務1年目の冬、脳腫瘍予後の重い後遺症と闘っていた、中学2年生の亜紀さんという女の子の容態が悪化しました。かねてから憧れの声優に会いたいという夢を持っていた亜紀さんのもとに、難病の子どもの夢を叶える団体Ｍａｋｅ Ａ Ｗｉｓｈを通して時を置かず、目当ての声優さんが病室にやってくることになりました。

視力を失っていること、言葉が発せなくなっていることを伝えられていたこの声優さんは、アニメの役の声を録音した目覚まし時計をプレゼントし、しばらくこの声優さんと亜紀さんの交流は続いたそうです。

大好きな声優さんが自分だけのために個室を訪問してくれたこと。そして、当時、大人気で一世を風靡するようなアニメの主人公の声を、間近に聞くことができたこと。さらに同じ声が自分に語りかけてくれたこと。そのすべての場面で、亜紀さんは感動に震えているように見えました。目覚まし時計で繰り返し声が聞けることもとても嬉しそうでした。かたわらではお父さんが、わずかに残された時間に娘の夢が叶えられているその一部始終を、目を細めて見ていました。そんな亜紀さんとお父さんの様子は私の脳裏に焼きつきました。

その後、病状がさらに悪化すると、亜紀さんの好きなことをたくさんしよう、ということになり、教員が代わる代わる喜んでもらえそうな活動を持って病室へ行きました。私の担当は、手先が器用でつくることが大好きな亜紀さんと手芸をすることです。ネイルアートにも憧れているとお父さんから聞き、私のいとこのネイルアーティストにも通ってもらいました。手や足のマッサージをして、爪に亜紀さんの好きなモチーフを描きます。目で見ることはできなくても、温かい手のぬくもりやマッサージの心地よさを感じ、爪に描かれていくさまを想像しながら、亜紀さんは大満足の様子でした。仕上がっていく過程で、数人の教員が解説者よろしくコメントするのもまた笑いを誘い、お父さんも一緒の賑やかな時間となりました。

入院中の子どもをサポートし続けることはとても大変です。当初私は、訪問者がいる間くらいは息抜きの時間にしてほしいと考えていました。しかし、お父さんの様子を見るなかで、子どもの楽しむ姿が何よりの家族の励みなのだということにだんだんと気づいていきました。こうして雑用代行ボランティアを続けながらも、別の角度からの自問自答が始まりました。

親は、自分が忙しいのは我慢できても、子どもが当たり前の子どもらしい生活ができないのが一番辛いのでは？

子どもには今しかない。だからこそ、今を大切に、今を充実させたいという思いがあるのではないか。

雑用の代行は、対症療法なのかもしれない。

子どもたちをワクワクさせることができれば、入院そのものの質が改善されて、親子の闘病生活を根っこから変えられるのではないか。

そう考えるようになったのです。

夢中になれる時間

初めて担任した優くんに何もできなかった悔しさを教訓に、院内学級の子どもたちの様子に注目し続けたことで、何をしているときに心が解放され笑顔になるのかが少しずつ見えてくるようにもなってきました。まるで優くんがいろんなヒントを耳元でそっと教えてくれるかのようでした。

小学生の間では当時「怖い話」が流行っていて、短編集を買っては小学生男子の部屋へ行きました。怖がりながらも、その世界にぐーっと入り込むことで、恐怖感に心が躍るようです。病院で怖い話ということもあり、賛否両論ありましたが、子どもたちと盛り上がったことは確かです。

手芸材料を買い込んでは中学生女子の部屋へ行くこともありました。手先を使ってなにかをつくるというのは楽しいもので、おしゃべりもなぜか弾みます。カーテンを閉め切っていた白い病室が、キラキラのビーズやカラフルなフェルトの海に一変し、はしゃぐ笑い声が響きます。「ハサミと針だけは気をつけてね」と看護師さんもホッとした笑顔を残し、ナースステーションに引き上げていったものです。普段辛い治療を頑張る子どもたちの楽しむ姿は、医療者にとっても何よりの励みになるようでした。

物語の世界に没頭したり、ものづくりをしたりしているときの子どもたちの表情には、ただ暇つぶしをしているというような投げやりな雰囲気は微塵もありません。こういった、子どもたちとのワクワクするような交流の日々に亜紀さんとの日々も重なり、入院生活で本当に必要なこと、それは夢中になる時間を持つことだと、私は確信していきました。夢中になっているときの子どもの瞳はキラキラと輝き、内面から湧き出る感性のままに自分の世界をつくっているようでした。

アートで寄り添う

教員として過ごすなかで、院内学級の芸術科の講師たちも、別の側面からヒントをくれました。その一人が7年間一緒に働いた音楽講師で声楽家の眞理さんです。

教員7年目のある日、眞理さんのベッドサイド授業をサポートする機会がありました。小学

1年生の彰くんはターミナルケアの段階に入っていて、お父さん、お母さん、そしてきょうだいも個室に入ることを許されていました。ベッドの足元でなにかが動いているのに気づき、ふと見るとまんまるの赤ちゃんがニコニコ笑っていました。ベッドのなかは、生まれたばかりの大好きな弟と、お気に入りのおもちゃでいっぱい。

わが子のために考えつくありったけの愛情を注いでいたお父さんとお母さん。穏やかなその姿は、今思うと、どこか覚悟を決めていたのだろうか……そんな時期でした。

ベッドサイドでの授業では目の前の子にうんと寄り添うことができます。比較的体調の良いときは、弾き語りに合わせて体ごとリズムを楽しんだり思いっきり歌ったり賑やかです。そんな最中でもちょっとした変化も見逃さないのが眞理さんのすごいところです。

この日、彰くんは人気のアニメソングをノリよく弾き語りする眞理さんと一緒に歌っていました。気分も盛り上がり、大好きなゲームのテーマソングを次から次へとリクエストし、キャラクターのぬいぐるみを両手に持って動かしながら歌い、ご機嫌です。しかし一旦だるそうな様子になると、眞理さんはゆっくりしたテンポの音楽に瞬時に切り替えました。ゆったりと奏でるメロディーで、まるで痛みを緩和しているかのようです。トータルに子どもを診ている、そんな印象でした。

音楽で寄り添う、そんな眞理さんの様子を見て心動かされました。

これだ！　この寄り添い。子どもをよく観察すること。そして、子どものちょっとした変化を見逃さず、子どもが夢中でいられるための機転をきかせられること。そのすごさに気づいたのです。

もちろん私の英語の授業やミサンガづくりでも、子どもたちは笑顔になってくれましたが、眞理さんの歌を前にした彰くんの様子はまったく違って見えました。心からの笑顔で、心底安心している、そんな印象でした。

眞理さんにできて、私の授業や活動ではできなかったこと。それは音楽というアートのプロとして、アートを通して、治療や痛みと闘う子どもの心理にピタリと寄り添うことでした。アートによって、より深い「夢中になれる時間」が生まれていたのです。

眞理さんが訪れたときの彰くんのように、夢中になれる時間を闘病中の子どもたちに日常的に届ける。音楽だけではなくて、制作活動やマジックなどのパフォーマンスのプロが訪れたら、子どもたちはどんな表情を見せるだろう。


闘病中の子どもたちに、プロによるアートを届ける。

これが私の夢となり、いつの日か使命となりました。

子どもに告知するということ

病気の告知は、子どもが重い病気にかかり長期入院するときに家族が直面する大きな課題です。

家族は、すべてを伝えるのか、いつ伝えるのか、どう伝えるのかを考えなくてはなりません。

子どもの権利条約では、「知る権利」、とりわけ、自分自身に関することについて知る権利は保障されていますが、命に関わるような深刻な病気であればあるほど、真実を伝えるべきか議論が分かれます。

最近では、子どもを一人の人間として尊重するという考えから、病名を告知することが一般的になりました。事実を伝え、嘘やごまかしのないコミュニケーションをとることによって、子ども自身が主体的に病気に向き合い、医療者との間に信頼関係を築くことができると考えられるようになったのです。

私が教員になる少し前、2003年に行われた、小児がんの子どもへの告知の実態に関する日米の比較調査※によると、米国では小児がんを「いつも」あるいは「ほとんど」子どもに告知すると回答した小児がん治療医は、95・9％に上っているのに対し、日本では38・2％に留まっていました。ただ日本でもその後、子どもの自律がより尊重されるようになってきていることを現場で実感しました。

厳しい現実を突きつけられることにより一時的にショックを受けることは避けられませんが、長い目で見れば、辛い治療や長い入院生活を自分なりにきちんと納得しながら乗り越えられることに繋がります。事実と向き合える子、闘病を乗り越えられる子として尊重し、病気のこと、治療計画のこと、これからのことを共有し、一緒に頑張ろうという雰囲気ができるのです。


「今飲んでる薬、苦さハンパないよ。でもね、病気を治すためだから仕方ないんだ」

「明日は憂鬱。マルク（腰の骨に針を刺して、骨髄組織をとる検査）があるんだ。すごく痛いんだけどね、今までの治療の効果とかがわかるんだって。我慢しないと。だから学校は休むよ」


　このような会話が子どもの口から出ることは、院内学級の日常でごく自然なことでした。頑張っている様子を教員に伝えたり、友達同士で病気の話をして励ましあったりすることで、辛い治療を受け入れ、闘っている自分に自尊感情を抱いているように見えました。

　うちの子は気が弱いので伝えることで大きく傷つけてしまう、まだ幼いので理解できる年齢になったら伝えたいなどという理由から、告知しないことを選択する家族もいます。しかし、何も伝えられないまま病院にいることも、子どもを不安にさせます。

　なぜいつまでもここにいなければならないのか。

この辛い治療はいつまで続くのか。

なぜ何も知らされないのか。

見通しが持てない不安や、周りの大人への不信感を持つ子どももいるでしょう。

　病気のことは聞かない方がいい。話題にしない方がいいのかもしれない。そう周囲の大人に気を使い、正直な関係を築けないことで心を閉ざす子もいるかもしれません。

　教えてくれないということは、自分は死んでしまうのかな。そう考えてしまう子もいるでしょう。

　情報が溢れるいま、子どもも薬の名前や病状などから、簡単にインターネットで自分の病気について調べることができます。誤った情報や調べ方により、誤解を持つことでストレスを溜めてしまったり、また周りの様子や会話などから勘ぐり、誤った思い込みをしてしまったりするかもしれません。

告知する、しない、いずれにしても、子どもたちは怖い思いをします。家族はこの問題と向き合う必要がありますが、そもそも親としても受け止めきれないことを、子どもにどう伝えるのかということは難しい問題です。

診断されてからの家族のショックや混乱、そして本人に告知するかしないか、またどう説明すればいいのか。そうした家族の迷いに医療者がまず寄り添うことが大切でしょう。その上で、告知をする場合はさらに、家族内でオープンなコミュニケーションができるように支援する必要があると思います。

専門家による家族へのフォロー体制が確立していることで、「告知」が治療に、そして何より子どもの成長に、最大限プラスに作用すると考えます。

※戈木クレイグヒル滋子他「小児がん専門医の子どもへのtruth-tellingに関する意識と実態：病名告知の状況」、『小児がん』第42巻第1号、29－35ページ（2005）所収

第3章

子どもとアートが出会うために

思いがけないところにいた同志

院内学級での子どもたちとの日々、そして、眞理さんの授業に背中を押された私は、入院中の子どもにどうにかアートを届けられないかとアイデアを練っていました。その年の秋、かつて勤めていた銀行の当時の人事部長、高橋氏から連絡が入りました。退社してからもなにかと気にかけてくれていた温和で懐の深い方です。

勤務先のすぐ近くでコンサルティング会社を経営していて、仕事が引けると近くの美味しいおでんやさんに何度か連れていってくれました。今回もおでんで仕事の疲れを吹き飛ばそうなどと気楽な気持ちで高橋氏の事務所に向かいました。ところが、いつもまん丸な笑顔で迎えてくれる高橋氏は、いつもよりほんの少しシリアスでした。

「最近どう?」と始まり、ひとしきり互いの仕事の話をすませると、「実は」とおでんよりももっと深く温めていた私の野望を知っていたかのような提案が飛び出しました。勤めていた銀行のOBOG会日本支部会長だった高橋氏は世界各地にいる退職者と繋がっていて、今回はハンガリーのOBからのメールを受けて、私に連絡をしてきたとのことでした。

退職後ハンガリーで弁護士をしているアルバート・ロイヤーズ氏が始めたSmiling Hospital

Foundation in Hungaryという団体が、「プロによるアート」を「定期訪問」で病院の子どもたちに届ける活動を、世界8ヶ国に広げており、ぜひ日本でも展開したいという話でした。

誰か適任者はいないかとの連絡を受け、趣旨に賛同した高橋氏は有能な元部下たちに提案するも、なかなか病院と縁がある人が見つからなかったそうで、院内学級で英語教員をしている私に提案してくれたのでした。英語教員とくればアルバート氏と英語で打ち合わせもできるはずだと考えたそうです。

これはまさに私がやりたかったこと！「プロによるアート」を「定期訪問」で届ける。明確な活動形態が、すでに頭のなかで飽和状態となっていたアイデアの輪郭をはっきりとさせました。思いを形にしたいとうずうずしていた矢先です。我が意を得たりと二つ返事で、「やります！」とこたえました。

興奮冷めやらぬなか、アルバート氏に連絡しました。実際に活動して気づいた注意すべきことや、運営、資金調達などについてアドバイスしてほしかったのですが、ハンガリーから届いたのは、「あなたの熱意に圧倒された。頑張ってほしい」という励ましの言葉だけです。

どのように始めればよいか、頭を悩ませる毎日でした。そんななか、以下のようなメールのやりとりが続きました。

「それでいつから始めるの？」

「1ヶ月はかかると思っています」
「病院で働いているなら難なく始められるよね」
「今、病院に出す企画書を練っているところで、さらにアーティストへの謝金の目安を考えているんです」
「まず一つの病院で隔週で活動するとして、アーティストへの謝金2回分ぐらい、ポケットマネーで始められる。寄付集めは同時進行で」

なるべく早く活動を始めてほしいというアルバート氏からは、じれったいとばかりにどんどん催促のメールが届きます。

確かに200%やりたかったことだけれど、フルタイムで教員をしながらの準備です。時間がふんだんにあるわけではないし、病院のボランティア事情を調査しながら丁寧に進めていきたいと思っていました。ハンガリーではなくここ日本の現場に寄り添ったスタートを切りたい、こちらの病院事情に合わせたやり方をさせてほしいと踏ん張り、なんとか自分のペースで準備を進めました。

まずは活動の枠組みです。

「プロのアート」

「定期訪問」


ここまでがアルバート氏による活動の形でした。

ただ現場を思い浮かべると、これだけでは足りないように感じました。

ハンガリーでは、アーティストが病室をまわる形態がとられているといいます。ホームページを見ると、アーティストが音楽を聴かせたり、マジックを見せたりという場面が紹介されていました。

しかし、ただ見る聴くだけでは子どもたちは満足しないのではないか、と感じました。ボランティアが活動しました、という一方通行の事実だけで終わってしまう印象です。

いろいろな素材からなにかをつくったり、一緒に歌い演奏したりなど、内面から湧き上がるような主体性があるときにこそ、子どもたちは生き生きとすることを長い間見てきたのだから、子どもの自発性を大切にすることは一番譲れない点です。一緒に活動することは基本として、アーティストには子どもたちの創造力を後押しする存在になってもらいたい。

そこで、活動の柱に「参加型」を追加しました。

そして、ベッドを離れることができる子どもたちはプレイルームでグループ活動をして、そのあと、一人ひとりのベッドサイドで活動させてもらおうと考えました。

院内学級に登校できる子どもには友達との交流などがあります。しかし安静の必要な子どもはベッドの上でじっと横になっているだけになってしまい、体力の許す子どもでも週に6時間ほど、教員がベッドサイドで授業をするだけです。カーテンの内側に閉ざされた子どもたちを放っておくことはできません。彼らにこそ、ワクワクするような活動が必要だと考え、ベッドサイドでの「個別活動」を活動の柱に加えることにしました。

こうして、日本版の活動の柱として
「プロのアート」

「定期訪問」

「参加型」

「個別活動」

の4つが決まりました。

アルバート氏にメールで考え抜いた案を伝えると、

「すばらしい！　ハンガリーでも取り入れたい案だね」と嬉しそうな返事がありました。

私はますます夢中になっていきました。

病院ボランティアの壁

「やります！」と応えてから3ヶ月、アルバート氏からの弾丸メールが相変わらず続くなか、2学期期末テストも終わり、成績をつけ、仕事が一段落した私は、実際に形にしようと動きはじめました。アーティストを数名確保して一つの病院で活動、実績をつくりながらアーティストを増やしていこうと考えました。

そのために、一緒に活動してくれそうなアーティストのリストをまずつくることにしました。最初に頭に浮かんだのは、院内学級でひときわ子どもたちの心をつかんでいたオーストラリア人で外国語指導助手のマル先生です。授業中に英語でコミカルにマジックを披露しながら子どもたちの興味を引きつけていました。

院内学級の芸術鑑賞会には、ピエロが来たり音楽を聞かせてくれるボランティアが来たりしていましたが、授業中の彼のパフォーマンスの前では明らかに子どもたちの反応が違っていました。それもそのはず、彼は普段はライブハウスでショーをしたり、バラエティ番組に出たり、コミックバンドを組んで演奏したりCDをつくったり、百戦錬磨のコメディアンだったのです。

私が異動して職場が違っていたので、メールで相談してみたところ、メールなんかじゃじれったいとばかりに、すぐにウキウキした声で電話がかかってきました。

「Why not? Let's do it!（すごくいいね！　ぜひやろう！）」

さっそく働いている病院のボランティア・コーディネーターにアポイントを取って、提案を持ち込みました。

「看護局を通さないと……」

「ボランティアを管理するのが大変……」

「もうこの病院にはボランティアさん、たくさんいるから……」

「こういうのはちょっと難しいですね……」

子どもたちの生活を豊かにしたい一心で臨んだ企画提案でしたが、現場へ打診しようという雰囲気は微塵もないまま、出鼻をくじかれ、すごすごと退散となりました。しかし、しぶとくも数ヶ月後、病院の最上階にある総長室へ直談判に行くという強行作戦を実行しました。

トップダウンを期待しようという思惑もありましたが、総長の案により、彼の前任病院の病室の一つが広々としたプレイルームにつくり替えられたことを聞いていた私は、この方なら、子どもの生活に直結することを第一に考えてくれるだろうと確信したのです。

初めて足を踏み入れた総長室は、赤い絨毯敷きの格式高い雰囲気。強気とは裏腹に緊張のせいか、慣れない絨毯のせいか、足を取られつんのめりながら豪華な応接テーブルにやっとたどり着くと、その先に総長が威厳ある雰囲気で座っていました。

院内学級でアートがいかに子どもたちの日常を豊かにするかに気づき、それゆえ、自分の考えているプロによる定期訪問、参加型で個別にも対応するアート活動が必要なんだという懸命な説得は功を奏しました。総長はとても共感してくださり、興奮した様子で私の話を遮り、

「ぜひ！」と頷いたのです。

総長はすぐに秘書に声をかけました。

「総務の○○さんを呼んで。この提案を聞いてもらおう」

やっぱり事務方に確認を取らないと話は進まないのか、と気持ちが翳ります。ボランティア担当者は一通り話を聞いて、「持ち帰り、あらためてご連絡いたします」と事務的な物言いの

あと、足早に退室しました。「きっといい返事がくるよ。子どもたちのためにありがとう」という総長の言葉を反芻しながらも、一抹の不安を感じました。

この不安は的中し、後日「ボランティアは管理が大変なんでね……。簡単に考えられては困りますよ」という連絡が担当者からあり、今回も却下となりました。説得するためには実績をつくらなくてはならない。しかし実績をつくるためにはとにかく開始しなければならないのに、受け入れてくれる病院がなくては実績がつくれない。

アルバート氏の提案から約半年が経っていましたが、活動できる病院はなく、決まっているアーティストは一人だけ。焦りは募りましたが、そんなとき励ましてくれたのは、マル先生の「Why not? Let's do it!」という言葉でした。

灯台もと暗し

そもそも団体を立ち上げるためにはどうしたらいいのかもわかりません。職場に体当たりで提案したときに見事に玉砕したのは貴重な教訓となりました。病院の受け入れ態勢という課題は感じたものの、準備が足りなかったのは事実です。活動の趣旨や方針、そして熱意だけを示しても説得力は十分ではなかったと感じました。
まずは勉強しなければと、ボランティアやNPO向けの相談窓口の門を叩きました。具体的なやるべきことやアイデアをもらおうと、窓口で一通りアイデアや思いを伝えました。担当相談員は最初から最後まで、「無理じゃないの?」というメッセージを、パイプ椅子にもたれながら全身で発していました。

何? 何?
小児病棟に入っていってアート活動を?
ベッドサイドまで行っちゃうの?
それで病院のあては?
一緒に始める仲間は?
病院での活動って、ハードル高いわよ。
それも子どもの病棟かぁ……。
いばらの道を覚悟しないと……。
まあ、また行き詰まったらいつでもいらっしゃい。

はい！　相談時間終了。

見放されたような気持ちで窓口をあとにした私は、すっかり途方にくれてしまいました。

翌日、病院の外来ロビーを歩いていると、ずらりと並ぶ受付の一番手前にある窓口が目にとまりました。何と迂闊だったのだろう、ここに頼れる人がいるではないか。

同じ院内学級の先輩教員で、定年退職したあとピアサポート（同じ病気を経験した人同士が支え合う取り組み）に関わっている人がいたのです。退職後も同じ病院にいるということで、つかまえてはなにかと話を聞いてもらっていました。きっと共感して、いいアドバイスをくれるはずと、さっそく話しにいってみると、思わぬ誘いを受けました。

「それならちょうどよかった！　日本ホスピタル・プレイ協会の集まりがあるから来ない？」

病気や障がいのある子どもを遊びで支える団体と聞き、心が躍りました。集まりに参加してみると、そこは熱い思いを持った、たくさんの病棟保育士（小児病棟で入院中の子どもの心身をケアする保育士）や、協会の認定したホスピタル・プレイ・スペシャリストたちがいました。

そこで出会った病棟保育士の方から、「横浜で病棟保育士と看護師の集まりがあるから、そこでプレゼンを！」と願ってもないチャンスをいただきました。

集まりにはマル先生と出向き、まずプロのアーティストが訪問するというユニークさと理念を強調、そして定期訪問・参加型・個別活動であることを説明したあと、マル先生によるコミカルなマジックを披露しました。マル先生のハイテンションなトークも見ている人たちを惹きつけたようです。

「うちのボランティア・コーディネーターにつなげますので、説明に来てください。きっと喜んで受け入れてくれますよ」

ある小児がん拠点病院に勤める保育士さんから、その場でそう言っていただきました。飛び上がるほど嬉しかったのを覚えています。

治療を受けるばかりの生活が果たして良いのか。大切な成長期を犠牲にしてはいけないのではないか。学校教育の保障だけでは足りないのではないか。そうした問題意識のもと、読み聞かせの会、移動図書館、クラウン（ピエロ）などの文化的活動を提供する、さまざまなボランティア団体を受け入れている病院でした。

いきなり、全国に15しかない小児がん拠点病院の一つで活動が始められるなんて！

夢が現実になりつつあること、ワクワクしながらも緊張感に震えたのを覚えています。共感が共感を呼びはじめた瞬間でした。

病棟にダイナミックな刺激を

その後すぐに、声をかけてくださった保育士さんの勤める病院のボランティア・コーディネーターに、活動の説明に行くことになりました。

しかし、アーティストがたった一人決まったきりの状態です。大風呂敷を広げて病院に迷惑をかけては元も子もない。一方で、必要なことを同時進行しなくてはいつまでも物事は始まらないのです。企画書をつくりながら準備に奔走しました。

それにしても仲間はたった一人のコメディアンです。もっと仲間を集めなくてはと考え、活動へのインスピレーションをくれた音楽講師の眞理さんに相談をしました。

眞理さんは専門の声楽とピアノ演奏を活かして病気の子どもに寄り添うプロであり、私は彼女の病児に対する姿勢を尊敬していました。病気の子どもたちが音楽を通して、自然と笑顔になれるように願いながら、院内学級や施設で活動を続けている人です。すぐに嬉しい返事が返ってきました。

「いいですね！　私でよければぜひ！」

さらに、絵画系のアーティストも必要だと考え、前任校で知り合った版画家の美術講師をつかまえ、話を切り出しました。子どもたちのために労を惜しまず、教材研究に熱心な姿が印象的だったのです。彼女には闘病中に後ろ向きになりがちな子どもたちを、なんとか奮い立たせようという熱意と信念がありました。

「やらせて！　すごい企画！　さっそく惠里さんのお家で打ち合わせね！　アートの力はすごいんだから！」

そして出来上がった手作り感満載の企画書を提出する日がやってきました。緊張しながらもワクワク、ドキドキとボランティア室の扉を叩きました。

素人色の濃い稚拙なものだけど、かえって気持ちは伝わるだろうと考えつつ、練りに練った4つの柱、「プロのアート」「定期訪問」「参加型」「個別活動」はしっかりと明記しました。

企画書を受け取り、私の説明を頷きながら聞いていたボランティア・コーディネーターは、話が終わるとにっこりしながらこう言いました。

「ぜひうちで活動してください！　4月は年度初めで難しいから、5月からどうですか？」

断る理由はありません。大喜びで「もちろんです」と答えました。

安静が何より求められる病棟でのボランティア活動は、絵本の読み聞かせやクラシック音楽鑑賞など、音も控えめで優しく穏やかな活動が一般的です。だからこそ、様々なジャンルの音楽、大道芸、描いたりつくったりなど、毎回違ったアーティストが来て子どもも家族も一緒に参加できる、ダイナミックでワクワクする活動を定期的に子どもたちに届けるという私たちのアイデアは、大胆で刺激的だったようです。

病棟に入るために必要な手続きにも取り掛かりました。

免疫力が非常に弱っている子どもにとって感染が一番の敵です。ですからボランティアは、病棟へウイルスを持ち込まないように、そして自分たちもうつされないように、採血による抗体検査をし、基準値に満たない場合はワクチン接種をします。検査対象の感染症は、はしか、水ぼうそう、おたふくかぜ、風疹です。検査結果、ワクチン接種証明、そして1年以内に受けた健康診断の結果を、病院への活動申込書と誓約書に添えてボランティアごとに提出することが義務付けられ、活動開始までにすべての検査を済ませ、書類を整え提出しました。また、個人含め多数のボランティア団体が活動する病院では、どの団体の所属かわかるよう、独自のユニフォームを用意する団体が多くあります。私たちも、責任を持って活動していることを示すために、背中に大きなロゴをあしらったTシャツをつくりました。

記念すべき初回の活動場所は、血液腫瘍等のため長く過酷な治療を要する子どもたちの病棟でした。長い子どもで3年、それより短くても入退院を長期にわたり繰り返す子どもが多いという状況に、活動を定期的に経験できる私たちの理念がぴったりだというのが、病院のボランティア・コーディネーターの考えでした。

コーディネーターは期待した様子で、「子どもたちはきっと喜びます。楽しみです！」と声を弾ませ、病棟に案内してくれました。

現場の硬い表情

こうして念願叶って活動をスタートさせることができましたが、初日に思い知った現実は、思っているほど現場は期待もしていないし、むしろ不安にさせているのだということでした。

まず看護科長さんのもとへご挨拶に行きました。看護科長さんは、「子どもたちのためにありがとうございます」と笑顔でおっしゃいましたが、心なしか頬に緊張がにじみ、それまでのボランティアとは違った、ちょっと変わった雰囲気に不安を隠しきれない様子でした。

そしていざ、プレイルームへ行くと、子どもたちやお母さんたちは、「何だろう、何だろう」と興味と不審が入り混じったような複雑な表情で迎えてくれました。

医師や看護師はといえば、緊張感のある現場の忙しさからか、歓迎するというより、むしろ煩わしいのかなと思わせる雰囲気を感じました。

院内学級のベッドサイド授業で、医療の妨げになっているかもしれないと感じる身の置き場のなさには慣れていましたが、あらためて、「ボランティア？　面倒だな」という空気が痛く刺さり、力になろうという意気込みはまったくのお門違いだったのではないか、と気持ちが揺らぎました。

無理に笑顔をつくり、活動を始めました。

マル先生のコメディマジックはとても新鮮で意外性があったようです。まずみんなの緊張をほぐすために、コメディアン式挨拶。「ガイジン式横礼！」と言いながら椅子から横に転げ落ちるような礼をします。学校でやったら絶対に怒られるようなふざけた態度です。子どもたちはちょっと嬉しそうに照れながら真似をします。

そして始まったマジックでは、指の間から球がどんどん増えていったり、小さな光の球を飲み込んだかと思えば、次の瞬間にはその光が目の前の子どもの耳裏から出てきたり……。おしゃべりしながらクルクルと手を動かし、まるで魔法のようです。

心のなかで「やった！　これだ！」と胸が高鳴りました。「楽しかった！」と感じたのは自分だけではない、確かに子どももお母さんたちも笑っていた、と自分に言い聞かせました。初回はまずまず成功だったと。でも、もしかしたら「せっかくきてくれてるから……」と現場に気を使わせていたとしたら。それは絶対にあってはならないこと……。

認めざるを得ないのは終始現場のスタッフの表情は硬いままだったということです。現場にきちんと受け入れられなければ子どもたちも心から楽しむことはできません。どうしたらこのバリアを壊すことができるのか、そんな反省とともに現実の厳しさが重くのしかかりました。

医療という硬い壁の向こう側に子どもたちがいる。壁を打ち破るためには、「病棟に必要だ」と現場スタッフが納得できる活動でなければ。

子どもたちが心から楽しんでくれること、家族の笑顔が増えること、それが一番の説得力になる。継続は力なり。いいものを届け続けることで、きっと現場を唸らせることができる。

よし、病棟丸ごと笑顔にするぞ！

意気込みを新たに、2回目の活動を思い描きました。

まずは、子どもの笑顔から

2回目は音楽の活動でした。活動のヒントをくれた音楽講師、眞理さんの「ピアノ弾き語り、なんでもリクエスト」です。

「どんなリクエストにも応えるプロが来ましたよ〜」という気持ちは大きな味方でしたが、緊張はまだまだ隠せません。隠そうとすればするほど力が入り、泣いているのか笑っているのかわからないような頬の引きつりを自覚しました。

子どもたち「なにがはじまるの〜？　面白くなければ部屋に帰るよ」
保育士さん「ほらほらせっかく来てくれてるんだから……」
看護師たち「甘い現場じゃないわよ」
医師たち「……………」

それぞれのそんな声が聞こえてくるような気がしました。ただそんな状態だったのは私だけだったようです。アーティストは、準備したプログラムをのびのびと、そして予期せぬリクエストに、たじろぎもせずに楽しそうに応え、すうっと溶け込んでいました。

気がつけば、子どもたちはイントロ当てクイズに大盛り上がりし、それを見ていた医師や看護師、保育士さんも、楽しそうな子どもの笑いにつられて、厳しかった表情が笑顔に変わり、活動に共感してくれたようでした。

その後は、アーティストがアーティストを呼び、シンガーソングライターにイラストレーターと、続々と新たなアーティストの参加が決まりました。活動中に感じたやりがいや喜びが、くちづてに広がったのです。ユニフォームづくりが追いつかないほどで、嬉しい悲鳴でした。

活動の予定表やポスターも病棟に貼られ、定期活動もだんだんと定着し、現場の理解を少しずつ得られてきた実感がありました。

こうしてまず任意団体としてスタートを切った活動は、「定期活動」というスタイルが評価されました。隔週水曜日は長期入院の子どもが多い内科系病棟で、隔週金曜日はその他の病棟で活動していきました。

院内学級で得た知識や経験は現場理解につながりましたが、ボランティア活動となるとまた違った立ち位置での関わり方です。またアーティストたちのなかには病院の子どもたちとの交流が日常となっている人、経験豊かな人もいた一方で、まったく初めてという人も徐々に増えていきました。

内科系病棟、外科系病棟、救急・集中治療室退室後病棟、骨髄移植・化学療法病棟、こころの診療病棟、肢体不自由児施設と重症心身障がい児施設など多岐にわたる病棟での活動は、毎回が私にとってもアーティストにとっても勉強の連続でした。

まずボランティアルームに寄り、着替えて荷物をロッカーに入れて病棟へ行きます。病棟へ入る前に健康チェック、手洗いうがい、感染症の流行期にはマスク着用などは当然のことながら、この病院では上履きに履き替えるという決まりもありました。また香水、華美な服装やマニキュア、さらにタバコの匂いなどについて注意されるアーティストもいたりで、病院ボランティアのあり方を厳しく教えられる日々でもありました。

毎週1回、片道2時間をかけて通いながら、当面はこの病院で活動の形をしっかりとつくり上げ、活動の場を広げる前の足固めをしようと決心しました。

当初は、子どもたちに楽しんでもらおうと勇んで行ったものの、活動内容がその日集まった子どもたちの年齢層に合わず、がっかりさせてしまった、と落ち込んでしまうアーティストがいたり、アーティストの数が足りないときは私が助っ人となって手作り教室を行うことでプロのアートという趣旨とずれてしまったりすることもありました。

楽器などは床に落としたら必ず消毒、使い回しはせず別の子どもに渡すときも消毒。ラテックスアレルギーのある子どもがいる病棟ではバルーンは全面禁止、クリーン病棟（骨髄移植・化学療法病棟）での物品持ち込みの禁止……など制限が多いなか、活動のしにくさを感じて悩むアーティストも少なくありませんでした。

しかし、アーティストたちは、諦めずに毎回いかに充実した活動にするかを工夫していきました。そしてわからないことはためらわずに教えてもらう、熱心で謙虚な姿勢は、病棟での印象を良いものにしていきました。また、アーティストがアーティストを呼ぶうち、活動する人が足りないという事態もなくなっていきました。

少し落ち着いた段階で、支援者開拓、助成金の申請、パンフレットやホームページの作成、スタッフ集め、法人化の準備なども始めました。どれも初めてのことで、制度を勉強し、人に会い、書類をつくり、と慣れない業務に途方にくれることはしばしばでした。しかし喜んでくれる子どもたちの顔やご家族の笑顔を思い浮かべると、苦労というより、活動を定着させるためには当たり前のことに思え、がむしゃらに過ごす日々が続きました。こうして2012年12月、スマイリングホスピタルジャパン（SHJ）という団体名で法人化することができました。


そんな団体の成長を見守っていたアルバート氏は、ここまでくれば大丈夫とばかりに、二つ目の病院開拓に協力してくれました。活動を始めてから半年経った2013年の年明け、アルバート氏が紹介してくれたつてをたどり、次の病院での活動開始に向け動きはじめました。

一つ目の病院での実績、活動の内容と趣旨に賛同した小児病棟看護師長は活動を強く希望してくださいました。こうして、二つ目の病院でも、2013年3月に隔週月曜日の定期活動としてスタートしました。さらに、活動が病棟を明るく活発にしていると評価され、7月からは毎週月曜日、そして附属乳児院での活動も月に1回行うことになりました。

「プロのアート」とは

こうして始まった活動ですが、四つの柱の一つ、「プロのアート」については、「なにをもって、アートとしているの？」「なにをもってプロと言うの？」という質問をよく受けます。ここで少し私の考えをお話しさせてください。

そもそも「アート」というものは、人によって捉え方はさまざまですし、「報酬をもらえればプロ？」「事務所に所属すればプロ？」など、「プロのアート」という言葉から想像するものも、人それぞれだと思います。

私はアートを次のように捉えています。

アートとは、体調がすぐれないときや、気分が落ち込んでいるときであっても、無意識に人が心奪われるもの。アートに取り組んでいるときは、人は目の前にあるものに没頭し、夢中になれる。アートがあれば、身体に自由がきかなくても、心が自由でいられる。日常生活のなかにアートがあることで、豊かに生きられる。

だから私は、絵画や工作だけではなく、音楽やマジック、読み聞かせも、すべてアートだと捉えています。

活動を始めてまだ間もないころ、治療中でとても体力が弱っている子どもがいました。

「プレイルームでなにか面白そうなことやってるよ」

お母さんに促されて点滴台を押しながら、渋々といった表情でゆっくりと廊下を歩いて参加してくれた小学校低学年くらいの女の子です。その日はプロの声優による絵本の読み聞かせをしていました。

「え？　読み聞かせ？　絵本飽きた」といって部屋に戻ろうとした瞬間、「あれ？　この声はテレビで聞いたことがある」、そう言って引き返してきました。

声優の後ろではBGMと効果音を出すために、ピアニストがお話の流れに合わせて美しい音楽を優しく奏でています。

「すごい、すごい。こんなの入院してから初めてだ」

そう言って女の子は最後まで点滴台につかまりながらじっと座って見ていました。場面によって表情はクルクル変わります。笑顔も覗かせていました。物語のなかに入り込んでうっとりとしている、そんな様子でした。

それからは毎回この時間を楽しみにするようになった、と聞きました。

「ほとんど笑わなかったんです。でも、スマイリングさんの活動に参加するようになってから明るくなりました。お話もよくするようになって」

目を細めて話してくれる保育士さんの言葉に、アートの力を確信しました。

「プロ」については、質が高いアートを提供できること、臨機応変に対応できる引き出しをたくさん持っていることと捉えています。

明確に実績の基準を定めているわけではありませんが、趣味で得意、というのとはまったく違うレベルを求めています。これまでいろいろな演奏をし、様々な作品をつくり、多くの人たちを笑顔にしてきた、百戦錬磨のアーティストである必要があります。

ただ技術が卓越していればよいわけではありません。なぜなら、子どもが夢中になり、心のままに表現できる環境をつくる、「子どもをアーティストにする」のが、この活動の目的だからです。「プロのオーケストラが来て演奏するのを聴く」「ピエロが曲芸するのを見る」ということとは、趣旨が異なります。

そういう意味では、アーティストは、「アートという技術を持った、プロのファシリテーター」と言えるかもしれません。自分の技術を惜しみなく使って、子どもが没頭できる環境をつくるのです。

「ここを叩くともっといい音が出るよ」
「このマジックはトランプをこの角度に持つと相手にバレないよ」

アーティストは、子どもが夢中になれるよう、さりげなくサポートします。

「もっとここをこうしたいんだけど、どうすればいい？」

だんだんと子どものほうからアドバイスを求めるようになり、うまくできれば「できた！」という実感と喜びが生まれます。

また、病棟というのは、その日行ってみなければ、子どもそれぞれの体調や治療の状況、参加人数や年齢もまったくわかりません。プロだからこそ、状況に合わせて活動をアレンジすることができます。一つの活動をするにも、さまざまな状況に対応できるように、年齢の幅の考慮、人数が多かった場合の材料の用意なども必要です。

参加者が多い場合、一人にあまり時間がかけられないことを想定し、基本部分だけつくっておく。身体が動かせない子のためのキットを用意。好みに合わせて選べるよう、塗り絵だけではなく、貼り絵も用意しよう。それぞれの子どものリクエストに応えられるように、小さな子にも大きな子にも人気の曲をアップデート。楽器の種類を揃えて……。アーティストによって、工夫はさまざまです。

また、その場で臨機応変にファシリテーションできるのも、プロだからこそです。

準備した工作のワークをするのが難しい子がいれば、ある工程までできている作品を取り出し、「あとこの部分の色が決まらなくて。どの色が合うかなあ」と、全部自分でつくれなくても、子どもが感性を発揮する機会をつくったりもします。

ベッドであまり身体を動かせない子には、ベッドサイドでほんの少しの子どもの動きに合わせたリズムで、音楽を奏でるアーティストもいます。

準備してきたものはまったく使わず、目の前の子どもに合わせて即興で活動することも多々あります。それでも、「せっかく用意したのに」などとつい口にするアーティストは一人もいません。あくまで主役は子どもたち。子どもを楽しませる「プロ」だという意識があるからです。

夢中をつくるコツ

活動の質を担保するうえで、厳しい選抜をしているかというと、そういうわけではありません。大切にしているのは、活動に対する共感です。アーティストのなかには、自ら長い闘病生活を送った経験がある、自分自身やわが子に障がいがある、またはわが子を難病のために亡くしたという方や、アーティスト活動のかたわら障がい者施設や学校で仕事をしていて、当事者とのふれあいに価値をおいている人もいます。また、わが子が幸い健康に生まれたことへの感謝の気持ちから登録する人もいます。バックグラウンドは様々ですが、共通して言えるのは子どもが好きで病児、障がい児へ共感を寄せているということです。そして自分のアートを披露するより、関わり合いやコミュニケーションを通して自分のアートを生かしたい、そう考えるアーティストたちです。

活動を始めることになったアーティストには、説明会を開き、院内感染に関する知識と心構え、種々の検査や病棟で注意するべきこと、持ち込み物、個人情報の取り扱い、活動のＳＮＳ等における取り扱い方などを共有します（１０１ページ参照）。事前にボランティア登録申し込みとともに、誓約書も提出してもらいます。特殊な環境での活動ですし、子どもの健康やプライバシーを守るために、こうした事前の確認事項は十二分に行います。

また、活動における心構えも、伝えます。

- ドヤドヤ押しかけない
- 参加を無理強いしない
- それでいて参加したくなるような空気作りをする
- 主体的にやってみたくなるような素材、活動の種類を揃える
- 年齢などに合わせられるように引き出しを複数準備

- 子どもの主体性を引き出すお手伝いというスタンス
- 子どもから教えてもらうという気持ち

活動の目的である「子どもが主体的に、夢中になれる」ようにするうえで、大切なポイントです。どのアーティストも、この心構えを念頭に活動しています。

しかし、この説明会で伝えること以外に、細かなプログラムの内容や進め方に関する決まりごとや研修などはありません。あとはアーティストが自由に構成し、自ら学び改良していくことになっています。

アーティストはみなプロですし、たとえ同じジャンルでも一人として同じアートはありません。だからこそ、自分のアートに合うかたちで活動を組み立て、活動のなかで子どもの反応や表情から、気づき学んだことをもとに工夫してもらいます。そうすることで、それぞれのアーティスト独自の魅力が増していきます。

たとえば、先述の「参加したくなるような空気づくり」ひとつとっても、アーティストそれぞれでやり方は違います。活動の回数を重ねるなかで、自分のほどよい佇まい、立ち位置を学んでいくのです。

参加者が一人もいないのに、無心になにかやっているアーティスト。子どもたちは、その姿を見つけて、「何やってるの?」「私にもやらせて」と一人、二人と集まってきたりします。子どもが主体的に参加するためのちょっとした仕掛けです。

それぞれのアーティストは、独自にプログラムをつくり上げていきますが、お互いにコツを共有したり、アドバイスをしたりする仕組みはあります。

その一つが、「活動報告書」です(103ページ参照)。子ども主体の活動になっていたか。準備した材料の質や量は適切だったか。子どもたちの状況に合わせて臨機応変に対応できたか。

アーティストが、活動のあとに毎回振り返って書くものです。

アーティストが記入したあと、活動をサポートするために同行するアシスタントが、参加人数と年齢、全体的なコメントを追記します。報告書は、子どもと関わるなかでの気づき、課題、新しく試みてみたチャレンジなど、アーティストやアシスタントの熱意や向上心にあふれています。あらためて振り返り文章にすることによって、その日の嬉しいエピソードや反省点を一層胸に刻むことができるようです。

これを、担当したアーティスト、アシスタント、そして事務局で共有します。回を追うごとにそれぞれの立場で活動の変遷、成長を確認することができる仕組みです。報告書を通して、アーティストは、活動をアップデートしていきます。

報告書に記されるアーティストやアシスタントのコメントは、ＳＨＪのホームページや、地区ごとに開設している活動レポートブログに、写真とともに公開しています。このコメントやブログが、アーティストが他のアーティストの活動を参考にする大切なツールとなっています。ブログを通して互いに学び合い、疑問点やさらに詳しく知りたいことなどがあれば個人的に連絡を取り合うアーティストたちもいます。

また、1年に1回、「全国研修・交流会」というものを開催しています。全国からアーティストやアシスタント、スタッフが一堂に会する機会です。医療や教育、アートや笑いの専門家などの講師による講義とグループワーク、そして懇親会と続き、終始和気藹々の活発な勉強会となります。直接会って交流する機会は意見交換、情報交換の絶好のチャンスです。久しぶりに会う仲間と1年間の成果や課題を確かめ合い、理念を再確認し合う機会でもあります。学び合ったことを胸に、さらなる進化を予感しながら各地区へ戻り子どもたちのもとへと向かうのです。

厳しい研修や細かい決まりごとが一切ないのは、アーティストに対し、プロであるという敬意と期待を持っているとともに、自ら子どもたちやお互いから学ぶ姿勢に徹しているという信頼があるからです。多様なアーティストの学び合いが、さらにそれぞれの活動を豊かなものにしている実感があります。

★ 活動における心構え

- すべての子どもに平等に接すること。
- 子どもが主役の活動を心がけること。
- 子どもだからこそ本物を本気で！
- 子どもから学ぶ姿勢を忘れないこと。
- 参加型活動であることが基本。無理に教えようとせず、子どもの感性を尊重し、主体的な創造活動の手伝いをするというスタンスを心がけること。
- 子どもがプレイルームに集まるまで待つのではなく、準備に取り掛かり活動を始めてください。面白そう、参加したい！　と思うような自然な雰囲気づくりをしてください。

★ その他

1. SHJ のＴシャツを着用しましょう。
2. 活動を通して感じたことを率直に SHJ スタッフに伝えましょう。
3. 活動中にヒヤリとしたことやハッとしたことは、今後の活動に生かすため、必ず報告書に記入、または SHJ スタッフに報告しましょう（点滴台を倒しそうになった、など）。
4. 活動の感想を、子ども、保護者、医療者、院内学級教員等の様子からキャッチしましょう。
5. (3 ～ 4 は各地区コーディネーター、事務局へ報告してください。今後の改善に役立てます)

アーティスト説明会資料

「病院で活動するために」

このたびは、スマイリングホスピタルジャパン（SHJ）の活動に参加いただきありがとうございます。

子ども一人ひとりに寄り添いながら安全に活動をするために、以下の点に留意していただきますよう、よろしくお願いします。

★ セルフチェック表

□ SHJ の趣旨と方針に賛同している。
□ 子どものために役立ちたいという熱意をもっている。
□ 健康診断を年に１回受けている。
□ 感染症（はしか、おたふくかぜ、水ぼうそう、風疹）に罹患あるいは予防接種を受けている（抗体検査を受け結果の提出を求められる病院もあります。別途ご説明いたします）。
□ 継続して活動できる。

★ 活動における注意点

・活動前の手洗い、うがい。必要に応じてマスク着用。
・病気によっては皮膚が非常に弱く、容易に出血してしまう場合があるため、子どもが自発的に手にする楽器や文具、材料以外のものが不意に皮膚に当たらないように注意すること。
・熱のあるときや体調不良の場合は早めに地区コーディネーターまで連絡すること。子どもは SHJ の活動を楽しみに待っています。突然活動をキャンセルすることを避けるため、日頃から健康管理をしっかりと心がけること。
・約束や時間は厳守すること。
・活動で使用する素材を確認すること（子どもによってはアレルギーや体調によって避けなければならないものがあるため）。
・活動中に知り得た情報や子どもを含む個人のプライバシーに関してはいっさい第三者に口外しないこと。
・子どもの病気について尋ねることは避け、必要に応じて注意点などを病院スタッフや親御さんに確認すること。

院内学級の先生が待ってて下さったようで、照れながらピアノ少年が帰り、はしゃぎ疲れた小さい女の子たちが帰ったあとは、お父さんとお母さんに交代で抱っこされていた男の子のNさんファミリーコンサートになりました。お父さんが、「お母さんもピアノを弾ける」とのことで、「大きな栗の木の下で」「南の島のハメハメハ大王」「森のクマさん」などをお母さんと連弾やソロで弾いて頂きながら、私はお遊戯と歌、お父さんは抱っこしたまま歌い踊り、男の子はニッコニコの大喜びでした。最後は思いがけず、素敵なご家族とのコラボで盛り上がり、男の子の笑顔に、私の方が癒やされました。

【参加者について】
約12名（うち子ども　8人　　保護者　4人）
子どもの年齢はだいたい　　0歳～14歳
保育士　　1人

【プレイルーム】	☑あり（約75分）	□なし
【病室】	□あり（　　室）	☑なし
【ベッドサイド】	□あり（　　床）	☑なし

♡よかったこと（具体的なエピソードを書いてください）
初めは表情のなかった女の子や男の子が、歌を聴くうちに笑ってくれたこと。男の子のピアノで、みんなで誕生日のお祝いができたこと。Nさんのファミリーコンサートができたこと。素敵なご家族と、スタッフのみなさんに感謝です。ありがとうございました。

♡困ったこと、課題、その他なんでも
アンパンマンの歌を、練習してくること。譜面の歌詞や音符を拡大コピーしてくること。

アシスタントコメント記入欄
ご家族も一緒だったからでしょうか？　小さなお子さんもクリスマスソングやジャズも静かに楽しんでいただけました。14歳の男の子が石橋さんとセッションしたり、バースデーソングを演奏してみんなで歌ってとても優しい雰囲気で活動できました。1時間程経って1家族になり、ママがピアノを弾いて、パパがお子さんを抱っこして。ママがピアノを弾くと小さなお子さんが本当に嬉しそうな表情になり、本当にいい活動ができました。

ある日の活動報告書

活動者	石橋和子
アシスタント	奥村眞知子
日時	2018 年 12 月 14 日（金） 14：00 〜 15：15
場所	○○病院
活動名	子どもブルース＆ジャズ

【内容】

久しぶりの○○病院は、クリーンルームでの活動でした。病院内を移動中に、毎年見る手作りのオーナメントは素晴らしく、大人も子どもも和ませてくれます。今回は個室回りはなく、プレイルームでクリスマスソングを中心にお聴きいただきました。

アップテンポのクリスマス曲では、小さい車椅子に乗った女の子のお母さんが、ニコニコしながら手拍子をして下さったのですが、女の子は痛みがあるのか、しばし無表情のままでした。するとお母さんが、女の子の両足を持って「ほらトントン！」と足拍子を始めたら、女の子は嬉しそうにキャッキャと笑いはじめました。

その後、クリスマスのバラードを何曲か歌ったら、お母さんと一緒にジッと聴いてくれました。お母さんご自身も楽しんで下さったようでした。たまたまプレイルームに絵本があったので、「はらぺこあおむし」の歌語りも。絵本を持って下さったアシスタントの奥村さん、どうもありがとうございました。

その絵本を、最前列でビックリしたりニコニコしたり見ていた男の子がいました。今回最年長の中学２年のＫくんは、ピアノを独学で勉強して合唱の伴奏を務めたこともあるとのこと。「ブルース・ぞうさん」のあと、一緒にブルースセッションの連弾をしました。初めは片手だけでしたが、そのうち両手で弾きはじめ、ふと見ると、点滴ではなく赤い輸血パックをつけていたので、大丈夫かなと思いましたが、音楽が本当に好きな様子だったので、「なにか弾いてみますか？」と聞いたら、小さな声で「ハッピーバースデーの曲」と。せっかくだから、プレイルームにいた人に 12 月生まれの方はいらっしゃるか聞いてみたら、ちょうどお母さんに抱っこされたＲちゃんが手を挙げてくれました。そこで、Ｋくんのピアノ伴奏でみんなが、Ｒちゃんのお誕生日おめでとうの歌を歌いました。Ｒちゃんもお母さんもちょっと嬉しそうでした。

子どもの「やりたい」を引き出すために

アーティスト
真鍋麻里さん

私がSHJに参加したのは、松本さんの友人から誘っていただいたのがきっかけでした。まだSHJを立ち上げたばかりで、一つめの病院で活動されていたころです。

私自身も子どものころ長期入院していた経験があったり、障がいのあるいとこがいることもあって、声をかけていただいたとき自然とお手伝いできたらと思いました。それまではフリーのアーティストとしてレストランの壁に絵を描いたり、子ども向けテレビ番組の粘土人形の制作に関わっていました。自身のアーティスト活動を活かして支援できることも嬉しかったです。

SHJでは、その場で子どもたちが描いてほしいものを、どんどん描いて塗り絵をつくっていく活動を中心に行っています。私たちは子どもたちの「やりたい」を引き出すことを大切にしています。そのため、活動のなかで、アーティストがただ自分の作品を見せたり、パフォーマンスをするだけということはありません。作品を見せるだけでは、子どもたちは「アーティストなんて知らないよ」と興味を示さないことが多いです。そうではなくて、つくりたいものを一緒につくれるよと伝えると、子どもたちはどんどん夢中になって、子どもならではの自由な発想で、注文をしてくれるんです。好きなキャラクターや家族の似顔絵を描いたりして、子どもたちにとって夢のコラボのような塗り絵がたくさん出来上がります。

活動をするなかで感じるのは、いろんな子どもに合わせて、形を自由自在に変化させられるのがアートの魅力だということです。たとえば、同じ塗り絵の活動でも、まねることが好きな子には、すでに色が塗ってあるお手本をつくります。すると、すごい集中力で色を塗ってくれるのです。引き出しがたくさんあって、子どもに合わせて夢中になれるものをつくることができるのが、SHJのいう「プロのアーティスト」だと思います。

活動を始めたころは、2時間の枠をうまく使えるようにと、事前に活動内容を決めて準備することが多かったのですが、活動をするうちに用意したものにこだわらないことが大切だと感じるようになりました。だから、今では材料だけ準備して、できるだけライブ感を持ってやっています。子どもたちは何をやりたいと思っているんだろう、子どもたちが夢中になるために自分が手伝えることはなんだろうと、目の前の子どもたちと向き合うことを大切にしています。

アーティストは、医療者や家族よりも少し距離のある存在だからか、子どもたちが心の内を打ち明けてくれることも多いです。「心配するから、ママには痛いとか辛いって言えないんだよね〜」とふと漏らしてくれたり、人生相談をしてくれたりすることもあります。私たちは、アーティストとして活動を届けるのと同時に、子どもたちのよりどころのような存在にもなっているのかもしれません。

活動の時間が終わると、口々に「次はいつ来るの？」「明日来てよ」と言ってくれます。病院の方から、次の活動のリクエストをもらっていると電話をいただくこともあります。そんなとき、子どもたちの「やりたい」をそれだけ引き出すことができているんだと感じ、嬉しい気持ちになります。これからも、子どもたちの「やりたい」という気持ちを大切にしながら、活動を続けていきたいです。

第4章

子どもが変わる、家族が変わる、現場が変わる

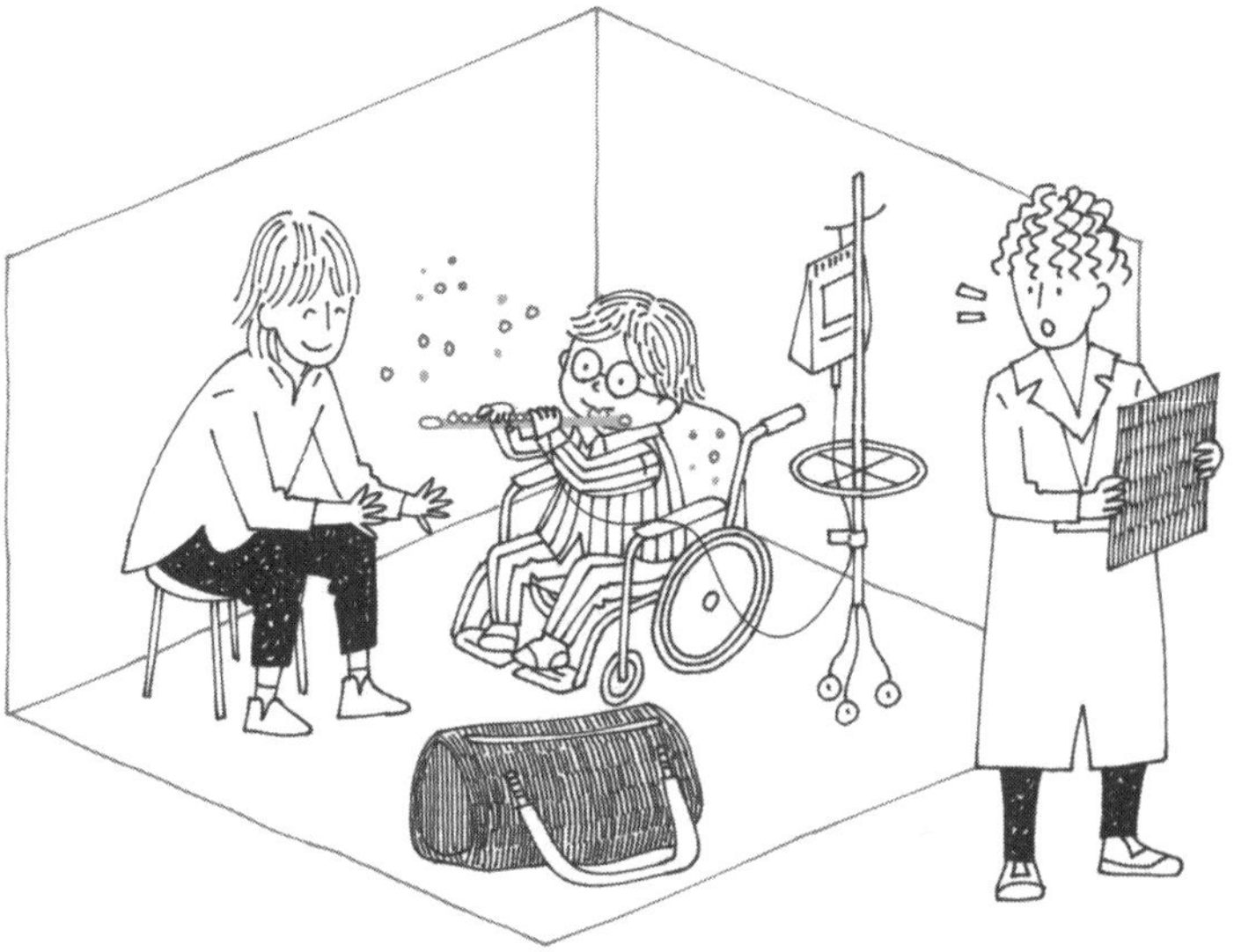

活動を行っているうちに、子どもたちの変化に気づくようになりました。

普段の病棟生活では病気に対する不安感でいっぱいだったり、家族を心配させまいと振る舞っていたりする様子の子どもたちが、活動が始まると目の前のワクワクすることにくぎ付けになり、病気のことや、ここが病院だということを忘れるくらいに生き生きした姿を見せてくれるようになるのです。

さらに訪問を重ねていくと、この変化は子どもたちだけでなく、周りの大人や病棟全体にも波及していることに気づきました。

表情が変わる――「声を上げて笑った姿を久しぶりに見ました」

「ずるいよ、今隠したでしょ」

「え？　さっきのカード、どこに行っちゃったの」

子どもたちが、絶対に見破ってみせる！　と覗き込んでもそこはプロです。

マジックのタネを真剣に見破ろうとする子どもたち

「危ない危ない、これは企業秘密だよ」

入院生活は治療が最優先です。

処置、服薬、手術など、安静にして受け身ばかりの日常にワクワクするような刺激はほとんどないけれど、それは病気になってしまった自分にとっては仕方のないこと、まず治すことが第一。子どもたちは、そう自らに言い聞かせているかのようです。

行動範囲が極端に狭められ、子どもらしい自由な活動に物理的にも体力的にもアクセスできない闘病中の子どもたちにとって、「すごい！」という高揚感や不思議と思う気持ち、好奇心やワクワクする期待感をもたらす技を披露してくれるアーティストのかっこよさは、憧れの的です。

目の前で繰り広げられるパフォーマンスを見た子どもたちの瞳には、いきいきとした輝きが溢れ、頬はほんのりピンク色に染まり、こわばっていた顔に驚きと笑みが広がっていきます。「どうなってるの?」と身を乗り出したり、見やすい場所に移動したり、じっと座って見ているだけでは物足りないとばかりに、マジックやジャグリング、バルーンアートのアシスタントに名乗りをあげたりします。ショーのあとは、本格的な「参加」の時間です。子どもの様子を見ながら、座ったまま、または前へ出てもらって、子どもたちがパフォーマンスを披露する番となります。

ここまでくると、それはそれは賑やかで、子どもたちは病院にいることをすっかり忘れているかのようです。初めは部屋で退屈するよりはまし、くらいの気持ちで参加した活動でも、アーティストのフレンドリーな寄り添いによって、気分転換の域をはるかに超え、心がどんどん開かれていくのです。

マジックの活動のあとには、たいていその場でマジック教室が始まります。

「おお、すごい、マスター早いな。よし。ここまでできるようになればあとは練習あるのみ。ベッドの上でもできるからやってみて」

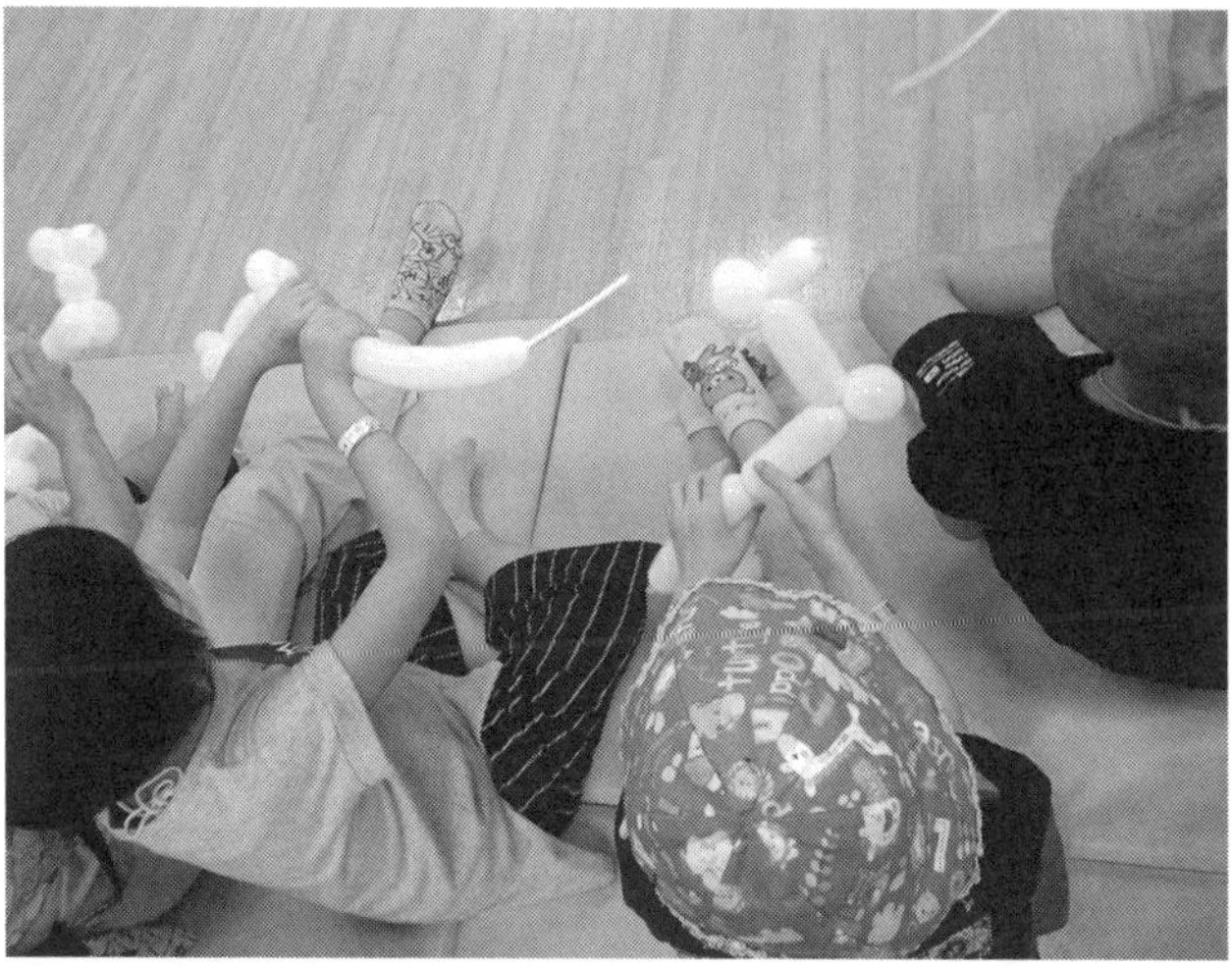

バルーンづくりに夢中になる子どもたち

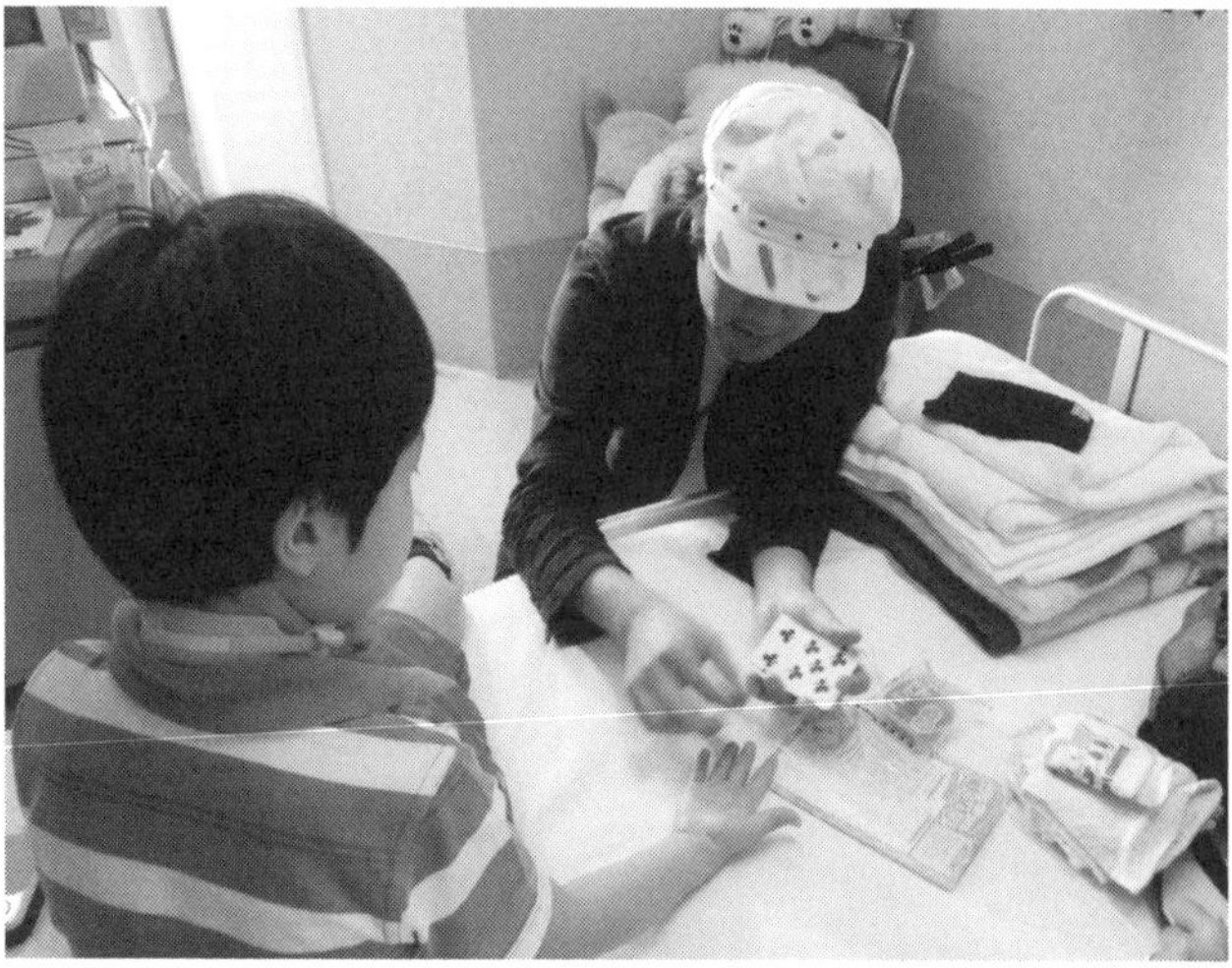

ベッドサイドでも一対一でマジック教室

「うん！　これ絶対にできるようになって、退院したら友達に見せるんだ！」

子どもたちは、一つのマジックを教わると、夢中で何度も繰り返して練習します。入院していることなど忘れてしまう自分だけの世界で、無我夢中になって練習を始める少年は、マジシャンの卵のようです。


子どもの表情の変化は他の活動でもはっきりと見て取れます。

たとえば、粘土工作などの制作活動では、素材が子どもの心を開くきっかけになります。

入院生活が辛くて寂しくて泣いてばかりいた小さな女の子は、粘土が小さな手に触れたとき、微かな笑みをこぼしました。ふわふわの粘土をこねこねするのが気持ちいいのでしょうか、こねていくうち粘土と一緒に心も身体も柔らかくなって、どんどん手を動かすようになりました。次第に夢中になりニコニコが真剣な表情に変わります。

形を整えるコツやシワを伸ばす方法を覚えると、柔らかい粘土は好きな形に変わっていき、色を組み合わせるのも混ぜるのも自分次第だから自由な創造力が爆発します。一人の世界に没頭するうち一つ完成すると、「できた！」という満足感を身体いっぱいで表し、「見て見て！」ととびっきりの笑顔になって作品を披露します。

綺麗な色、気持ちのいい感触、自由に変えられる素材がこれほどまでに子どもの心を動かし、表情に大きな変化をもたらすのか、と思いました。

アーティストの変幻自在の声と顔、そして演技も、心を一変させます。声優2名での大型絵本を使った、読み聞かせというより小劇場、と言った方がふさわしいようなパフォーマンスがありました。

おどけた表情、怒った表情など「変顔」の連続は見ているだけで吹き出してしまうほど面白く、登場人物に合わせたおばあさんの優しい声、赤ちゃんの泣き声、そしてお母さんの怒った声などは、まったく飽きを感じさせず、子どもたちにくるくるとした表情の変化をもたらします。

一緒にお話をつくっていく紙芝居や、お話についてのクイズ、話の流れを当てっこすることもあります。そんなアーティストとのやりとりは、医療者でも家族でもなく、自分に楽しいことを届けにきてくれた人との新鮮で楽しい交流となり、治療を忘れさせ、明るくにこやかな表情を自然と引き出します。

点滴やいろいろな管に繋がれてプレイルームに行けずベッドの上での遊びに飽き、ストレスで歯ぎしりがひどくなっていたという子のお母さんは、こんなふうに話してくれました。

「楽しく声をあげて笑った姿を久しぶりに見ました。これまで知らず知らずのうちにためていたストレスが一気に吹き飛んだようです」

五感に訴えるアートは、プロのアーティストのファシリテーションがあればなお、心を発散させ変化の乏しかった子どもたちの表情を一気に変えてしまうのです。

行動が変わる——参加しない自由、何回やってもいい自由

ある小学2年生の女の子がいました。

プレイルームでの活動に気づきつつも、興味がなさそうな表情でいったん部屋に戻ろうとしましたが、やっぱり気になったようでしばらくすると点滴台を押しながら引き返してきました。アーティストは女の子の存在には気づきながらも、無理に参加を促すことはしません。参加するもしないも自由で、子どもたちの自主性を大切にしています。

プレイルームの前をしばらくうろうろしてから、付き添っていた保育士さんに「やろうかな……」とつぶやいて、出口に一番近い席にちょこんと座りました。自分の気持ちとじっくり相

談して、自分から参加しようと決めたのです。

今日の活動は「サイエンスアート」です。

アーティストの手によるイラストが印刷された和紙に水性ペンで点描し、綿棒で水を垂らします。すると水が広がり色がにじんで、1色のなかに隠れている様々な色が現れます。

これはクロマトグラフィーという実験で、これをいくつも重ねてカラフルなアート作品にし、ラミネート加工して「しおり」をつくるのです。科学実験とアートの融合です。


しかし、いきなりしおりをつくるわけではありません。まずは好きな色の水性ペンを1色、選ぶだけです。

この女の子も、最初は12色ほどあるペンから、遠慮がちに1色を選びました。周りの子をちらっと見て同じように水滴を垂らしてみると、色が変化するそのさまに、ほんの少し表情を変えたように見えました。水をさらに追加するとまた色が広がっていく様子を、不思議そうにしばらく観察していました。


「次は2色をまぜてみよう。3色だとどうなるかな」と女の子。

「わぁ、シックな色合い。あなたいいセンスしてるわね〜。次はお花の絵に、色をつけてみる？

気に入ったものをしおりにするからね」

アーティストに促されて、女の子もだんだんと乗り気になってきます。そのうち選ぶペンはどんどん増えていき、結局全色を満面の笑みでしっかりと握りしめていました。そして、右手に左手に二刀流でどんどん色をつけていきます。

水性ペンで点を描く、水滴を垂らす、交互に作業しながら夢中です。色を混ぜたり、紙を裏から透かしてみたり、そのうち鼻歌まで飛び出すほど興に入っています。

つくることの楽しさを覚えると、作品を自分のものだけでなく、なかなか会えないきょうだいへのプレゼントにするのだと、張り切って何枚もしおりをつくりだしました。

そうするうちに、「みんなはどうやってるのかな?」と周りが気になってきたようです。他の子の作品もちらりと見て、違うやり方にも興味を持ちはじめた様子です。

「その色どうやったの?」

「こうやったらできたよ。この色を使うと綺麗になるよ」

「ふーん、やってみようかな」

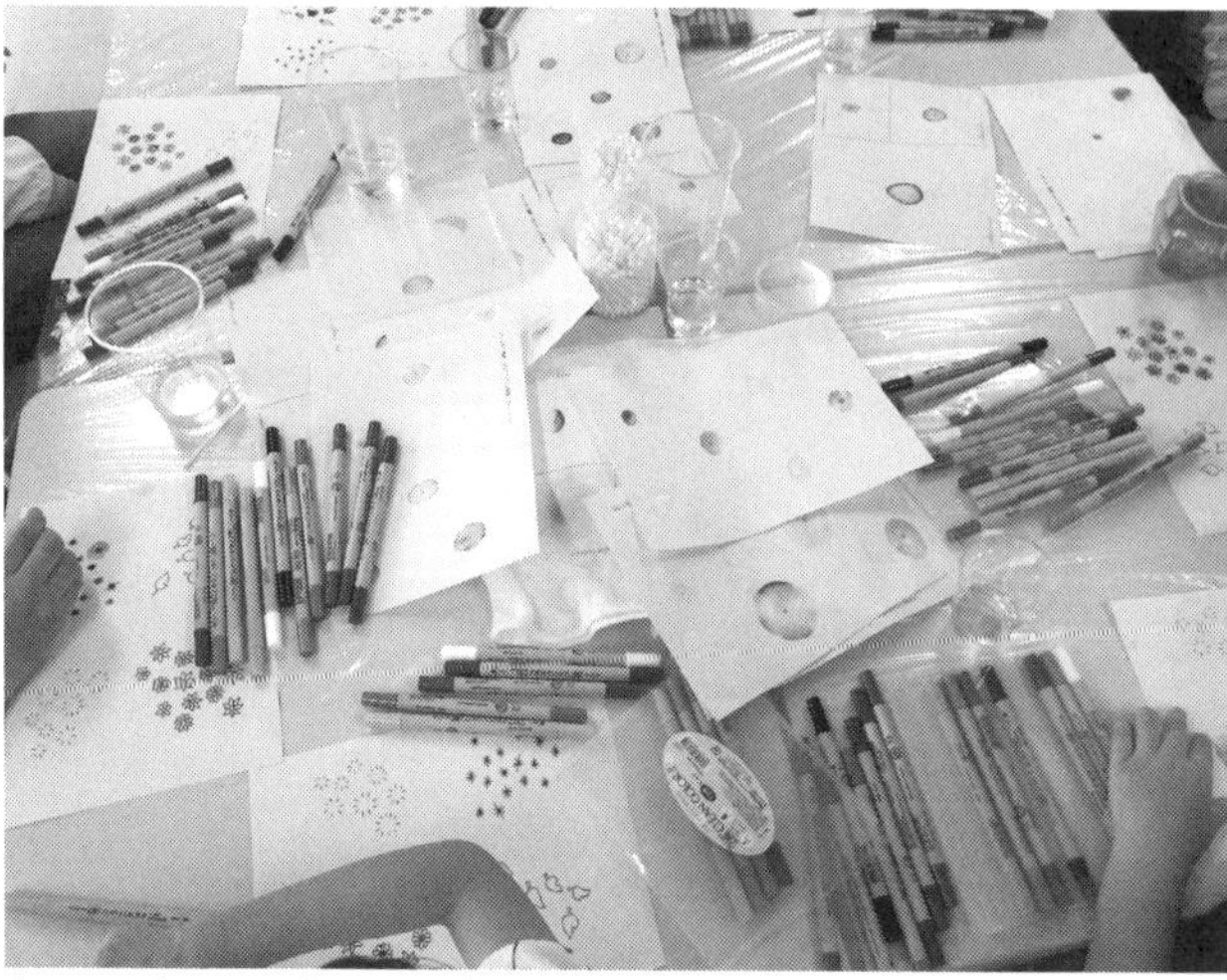

カラフルなペンでクロマトグラフィーを

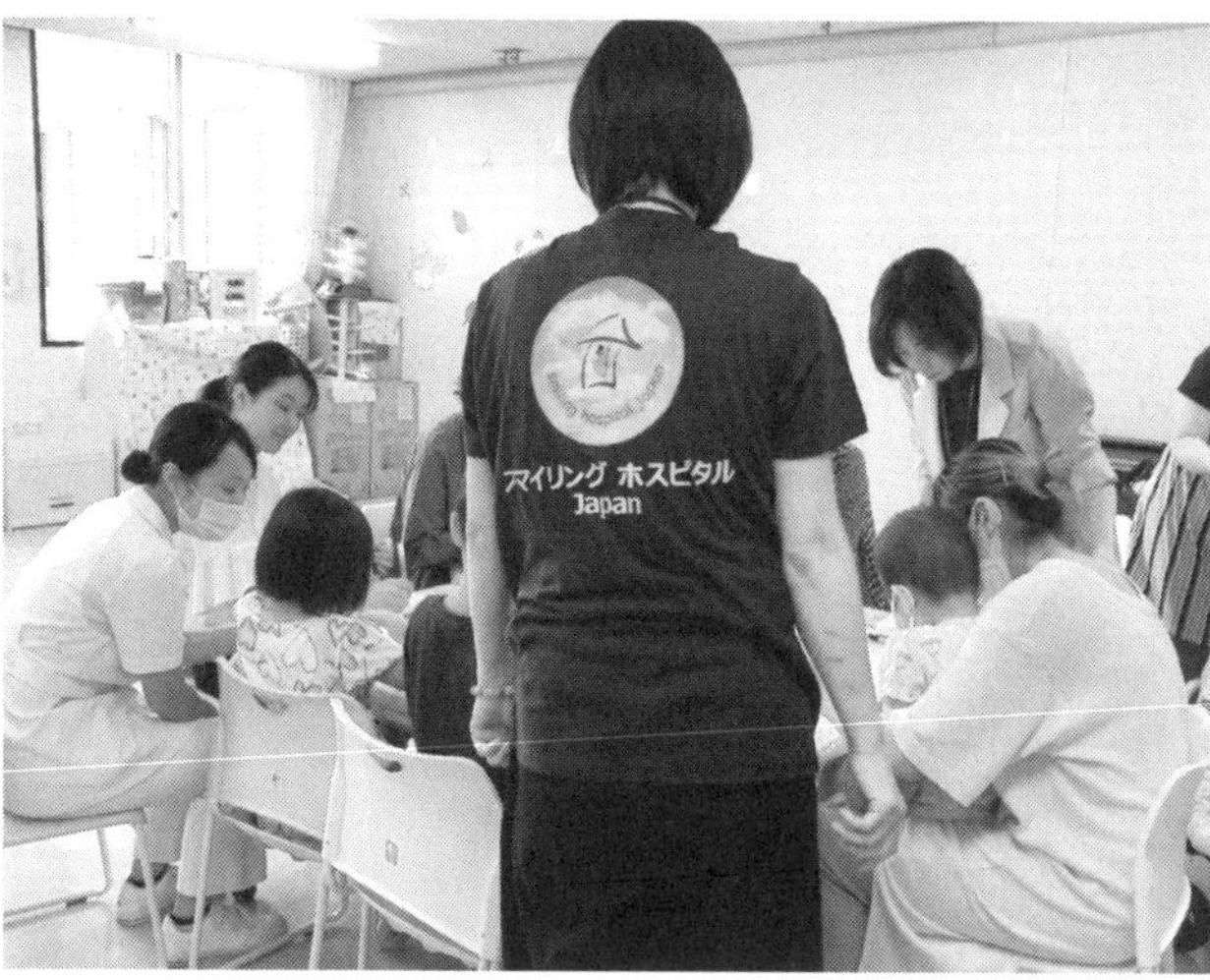

プレイルームで輪になって活動する子どもたち

それぞれが自分の世界に没頭しながらも、他の子のつくるものに興味が向き、自然とコミュニケーションが生まれていきます。活動終了時間ぎりぎりまで満喫しました。

ふと廊下を見るとリハビリの先生でしょうか、彼女の楽しそうな様子を嬉しそうに眺めている白衣の男性がいました。治療もイヤ、リハビリもイヤ、お腹が痛くて何もかもがイヤ、そんな彼女が目の前で無我夢中にのびのび活動しているのを誇らしげに見つめる愛情あふれる温かな眼差しは、喜びと安堵にあふれていました。

保育士さんの話によれば、この子は辛い治療が続いて毎日腹痛と闘っていました。今までボランティアが部屋に遊びにきても、布団をかぶって寝たふりをしていたほど内向していたそうです。

この子が今日の活動に自分から足を運んだ上、表情をみるみる変えていくのを、保育士さんもアーティストも周りのお母さんたちも決して見逃すことはありませんでした。

自分でやるかやらないか決めること、自分で選ぶこと、夢中になること、周りとコミュニケーションをとること、この女の子に起こった4つの行動の変化は、活動に参加した多くの子どもに起こります。

小児病棟の日常は、医師から許可を得られた場合に院内学級へ行く、または手術や処置のために移動する以外は、決められた時間に起き、検温して朝食が運ばれてきて服薬し再び安静、とベッド上で完結です。必要なものは手を伸ばせば届くところにあるか、またはナースコールを押して看護師さんにもってきてもらうということの繰り返しです。

同室の子とは同じ部屋で生活しているにもかかわらず、仕切りのカーテンを閉め切っていることも多く、それぞれが自分の空間にこもっているので、接点も話しかけるきっかけもなく、交流の機会はなかなかありません。気晴らしといえば家族に持ってきてもらった本やゲーム、学齢期の子どもは気が乗れば宿題をする、それも仕切られたプライベートな空間での生活です。

病室を出ること、一人で歩くこと自体に許可が必要な場合もありますし、ベッドを抜け出せたとしても行動範囲は狭い病棟内のみです。廊下を散歩したり、プレイルームの本や漫画を借りに行くくらい。物理的な制約はなにかをする自由や意欲を奪います。しかし、ＳＨＪの活動のなかでは圧倒的な自由があります。

参加してもしなくてもいい。
自分で好きなものを選んでいい。
途中でやめてもいい。
見ているだけでいい。

何回やってもいい。

とことん自由な雰囲気と、その場にそっと寄り添うアーティストの存在が、まずは自分の気持ちとじっくり相談して、自分から参加したくなる空気をつくっているのだと思います。

また、ただ白い画用紙に絵を描きましょう、では気持ちが引けてしまったり、描くことに苦手意識がある子には苦痛だったりするかもしれません。色を選ぶ、絵を選ぶ、デザインを加えるなど、ひと目で「自分のやること」の見通しが持てる道具や、段階を踏めるプログラムをアーティストが用意することで、子どもたちは安心して活動に取り掛かることができ、自然と夢中になっていきます。

そして、ひとしきり夢中になって制作をすると、多くの子どもは「みんなはどうやってるのかな？」と周囲に関心を向けます。完成品をめぐり、感動や共感、互いをほめ合うといった、他者との交流が生まれます。

たまたま集まった子どもたちが、一緒に活動するうち、同じ病室であることに初めて気づく、ということも起こります。それからはそれまで閉め切っていたカーテンを全開にして、入院中のさまざまな思い、好きなこと、元いた学校のことなど、対話が生まれ、生き生きとした交流が生まれます。

一緒に参加し関わることで、一人ひとりがそれぞれの病いと闘っていることを再認識し、仲間意識と思いやりの気持ちが芽生えるきっかけになり、孤独感や疎外感が軽くなっているようです。

大人が変わる――「え、お医者さんがバイオリンやフルートを？」

変化するのは、子どもだけではありません。

医療現場のスタッフのなかでも、子どもの一番近くにいるのが病棟保育士です。病棟保育士とは、小児病棟に入院している0～18歳くらいの年齢の子どもたち対象の保育士で、最近になってその必要性から徐々に各小児病棟に配置されるようになりました。病棟に子どもの生活の世話をする保育士がいることで、医療者は医療に専念することができます。

ＳＨＪが訪問している病院はどこの病棟にも保育士がいて、活動参加可能な子どもたちの人数や年齢などの情報提供、プレイルームの設営やベッドサイドへの案内、子どもたちに声をかけてプレイルームに集めるなど、活動のサポートをしてくれます。

しかし、一般的にはまだまだ医療機関で病棟保育士を置くケースは多くはないようです。

配置されたとしても一つの病棟に一人または二人シフト制で、看護師のフォローがあるとはいえ一人で保育を任されている場合もあるという現状も聞きます。容態変化の可能性の大きい子どもを世話する緊張感は、大変大きなものです。

「孤軍奮闘の毎日ですが、ＳＨＪの存在に助けられています」

ある保育士さんから、そう言葉をかけてもらったことがあります。

変化に富んだ楽しい体験を入院生活に取り入れることができる。
クラフトなどが日頃の保育のヒントになる。
子どもたちの生活のリズムを自然とつくることができる。
活動の感想を話し合うことが、子どもとのコミュニケーションのきっかけになっている。
子どもの笑顔が増えることで、心に余裕が生まれる。

このようなことによって、保育士としての負担が軽減されたり、日常的な仕事の助けになったりしているそうです。

「ＳＨＪさんの活動はとにかく楽しいんです！」

そう興奮しながら伝えてくれた保育士さんもいます。子ども目線で一緒に楽しむ時間ができたことで、自分自身のストレス解消や気分転換にもなっているというのです。また、子どもたちと一緒に活動に参加する立場になることによって子どもへの理解が深まるので、シフト希望を出すときは必ずＳＨＪの日、と話してくれました。

緊張しながらの業務が当たり前だった勤務中に、今までなかった「子どもたちとワクワク楽しむ時間」が生まれたことで、自分の役割から一歩ひいて自分らしくいられるようになったそうです。

変化は、子どもたちの治療にあたる医療者にも起こっています。

プレイルームでの盛り上がりを見るのは、緊張の連続にある医師にとってホッとする瞬間のようです。

しかし、アーティストが大道芸人のときは要注意です。何も知らない若い医師は、「いいなあ、ちょっとだけ見ていくか」とプレイルームの前で立ち止まります。

椅子に座って見ている子どもたちの頭ごしにその姿をすかさずキャッチした大道芸人は、

「ドクター、そんなところじゃ申し訳ない、さあこちらへ」と医師を引っ張り込みます。

この場面ですでに子どもたちの顔はみるみる笑顔と期待感でいっぱいです。

覚悟を決めたドクター、子どもたちの期待に応えなきゃ、と頭を掻きながら参ったなとばかりに前に出てきてくれます。

クスクスクス……と子どもたち。

「引っかかった、引っかかった！」と大喜び。

保育士さんも「やった！」という顔です。

看護師さんは二の舞を恐れ、用事を済ませたら急ぎプレイルームから退散します。もちろん、ドクターの慌てぶり見たさに後ろ髪を引かれる思いで。

「みなさん、ドクターと二人でジャグリングをします。ドクター、ちょうどいいタイミングでこの輪をこちらに投げてください」

「……ええ、ちょっと待ってよ。やったことないし、ちょうどいいタイミングなんてわからないなぁ……」

「さあ」と急かす大道芸人。しかしタイミングなどつかめるわけがなく、たくさんの子どもたちが見守るなか、手こずり慌てふためき、投げたジャグリングの輪はバラバラバラバラと床に転がります。

「ヘッタクソだなあ！」

子どもたちのツッコミは、堂々たるものです。ドクターがしくじればしくじるほどツッコミ役の子どもの存在感が光ります。

「だって、これ難しいよ、みんなやってみてよ」

その姿は普段のお医者さんとはまったく違います。病気を治してくれる白衣を着た偉くてちょっと怖い存在が、目の前で滑稽な姿を晒しているのです。

「わあっはは！」

笑いが湧き上がり、ドクター、不覚にも大恥をかいてしまいました。

子どもたちは、「先生も失敗するんだ」と思うことで、「お医者さんも同じ人間」と親近感を持ちます。

子どもたちが笑いのなかに見せるホッとした安心感に気づいた医師からは、「恥をかいてしまったけれど、このような活動、ぜひ続けてください。お願いします」という言葉がありました。

病棟では明らかに場違いでナンセンスなこの盛り上がりこそ子どもたちに必要で、そしてそこに医師としての自分が存在することで、子どもたちとの距離がぐっと縮まり、信頼関係が生まれ、治療がしやすくなるのだといいます。これまでなんとなく感じていた医師と患者という垣根が低くなる、そんなきっかけになっているようです。

医師が自らもアーティストに変身する、そんな変化も生まれています。

自らセミプロ並みのバイオリニストだったり、フルート奏者だったりする医師も少なくなく、ピアニストのアーティストが来る日にウキウキと待っていてくれる医師もいます。ピアニストの伴奏で子どもたちに演奏を披露しようというのです。機会あればとナースステーションに楽器を隠し持っている医師、結構いるのです。

アーティストと医師のクラシックのセッションに子どもたちは、「え？　お医者さんがバ

医師とアーティストのコラボレーション

イオリンやフルートを？」と驚いたような、「すごいなー」と感心しているような表情で見入っていました。

医師自身にとっても、患者さんの前で得意な演奏を披露できるのは、厳しい治療の合間に得られる至福のときなのだといいます。医療に向かうときとは違った穏やかな気持ちになると、笑顔をほころばせながら語ってくれた医師もいました。

また、普段とは別の顔を患者さんに見せることで、担当患者さんとの話題作りになったり関係も和んだりします。

ホームページや口コミでＳＨＪの存在を知って、自分の病院でも活動してほしいと連絡をくれ、企画から携わってくれる医療者もいます。治療を頑張る子どもたちに、なんとか生きる喜びや自己肯定感を持ってほしい、日常をもっと明るく楽しく過ごしてほしい、そのためにできることをいつも考えている医療者は多くいるのです。活動のなかで、彼らの表情がパッと明るくなることがあるのは、そうした願いが実現したと感じるからかもしれません。

普段は神経を張り詰めている医療者が、完璧でない姿や、自らが心から楽しむ姿を、患者である子どもたちに見せるようになること、これは当初、予想だにしていなかったものでした。

目に見えない変化

「病院にいながらもこんなに楽しいことがあるんですね。病棟ではモニターのアラーム音が静寂のなか響いていて、病院はそういうもの、日常空間とは違うものというのが当たり前になっていました」

あるお母さんに、そう言われて、はっとしました。

それまでは、入院生活とはこんなものだという諦めと、母親として自分が悪かったのではと悶々とした日々を送っていたのだといいます。

「アーティストの明るい歌声や優しい語り口、楽しい雰囲気に包まれたとき、息子の動きが活発になって、笑顔も出てきてとても嬉しくなりました。歌ってあげることでこんなに喜ぶなんて、気づいてあげる余裕はまったくありませんでした」

確かに、病気を治すための機器や薬品や白衣の存在は、高度で専門的な治療を集中的に受けられる安心感に繋がります。

ただ同時に、「病棟とは機械的な音が始終鳴り響いている無機質な場所、そしてそれは何の疑問もなく当たり前であること」、そんな病院のイメージがすり込まれているのだと気づかされます。

このようなお母さんの言葉からもわかるとおり、実際の子どもたちの変化という目に見えるものだけではなく、病棟を流れる空気そのものも変わっていっているように感じます。

決められた投薬や治療に従い、受け身の存在として、辛く閉塞感のなかにあった子どもたちが、夢中になってアートをすることで、いきいきとした表情になる。主体的に自分自身の気持ちの動きにしたがって、行動する。

医療者が、その様子を見て、驚き、安堵する。ときには自分も一緒になって、楽しむ。

保育士は、子どもたちと一緒になってアートを楽しむうちに、子どもたちとの距離感がぐっと縮まり、なにより自分自身が楽しむことで余裕が生まれ、子どもたちが今まで見せなかった個性や好みや特技に気づくようになる。

そんな雰囲気に、緊張の日々を過ごしていた家族は安堵し、そんな家族の様子を見て、子どももまた安心する。

子どもたちの変化をきっかけに立場を超えて活気が循環し、病棟が病気を治すだけではない、子どもたちが見守られながら成長する場に変化していっているようです。


子どもたちは、ただここに連れてこられただけの患者ではない。

親は、患者家族としてだけここにいるのではない。

医療者は、病気を治すだけの存在ではない。

保育士は、生活の面倒をみるためだけに、子どもに寄り添っているのではない。


一人ひとりがまず自分らしさを取り戻し、そして周りに関心を向け、互いに影響し合うことで、入院生活という日常の空気が、硬く冷たいものから楽しいものに変わっているのです。

変化が生んだコラボレーション

子どもが変わり、大人が変わり、それぞれの関係性が変わり、病棟という場の日常が変わる。こうした変化が発展して、これまでにない新しい試みを実現した病院があります。

この病院での活動が始まったのは、小児科病棟医長（当時）の問い合わせがきっかけでした。子どもたちが日常をもっと楽しく過ごすためにはどうしたらいいか模索するうちＳＨＪを知り、その理念に共感したのだといいます。

「こんな活動が必要だったんです。子どもたちの未来のために一緒に頑張りましょう」

実際に活動が始まり、子どもたちが喜び、病棟での過ごし方に変化が見られるようになると、活動へさらなる期待と信頼を置いてくださるようになりました。

活動を重ねるうちに、保育士さんたちも生き生きとし、アーティストやアシスタントと子どもの生活の向上に向けた新たなアイデアを話し合う機会が増えました。

話をするなかで、白い上にいかにも年季の入った黄ばみが気になる廊下の壁、そして容態が重い子ほど、一日中顔をつき合わせている天井は、子どもとアーティストが一緒になにかできるキャンバスになるのではというアイデアが生まれました。

「元気が出るような楽しくカラフルなアートを施せたらいいですね」

この案に飛びついたのは他でもない病棟医長でした。子どもたちの生活環境改善のためにやりましょう、ということになったのです。

医療者と保育士が子どもの生活について話し合う、医療者が保育士のアイデアに深く頷く、これまでの院内学級や病院訪問の経験のなかで初めて見た光景でした。もしかしたら、この医長の子どもへの愛情とＳＨＪの活動の理念が重なったことで、実現できたのかもしれません。

そして、オリジナルステッカーをつくって、白い壁に貼って、ウォールアートにしようというプロジェクトが始まりました。「小児病棟の白い壁をポップに明るくしよう！」というテーマでクラウドファンディングを立ち上げると、たくさんの人からの支援が集まりました。

このプロジェクトを実現するための協働のメンバーは、以下の通りです。

- 医師
- 保育士
- 看護師
- お母さん
- アーティストはじめSHJスタッフ
- クラウドファンディングを通した支援者
- そしてもちろん、リーダーは子どもたち

ステッカーのデザインは、アーティストが担当しました。モチーフは、病棟から出られない子どもたちも、心だけは自由にとのアーティストの願いから、大海原を泳ぎ回る魚、大空を飛び回る鳥や乗り物が中心です。色付けや魚の鱗や鳥の羽のデザインは子どもたち、お母さんたち、そして保育士さんたちが担当しました。色付けが終わったら、自分のイニシャルを入れて、

業者がステッカーにするのを待ちます。


色を選んで塗る楽しみ。

自分だけのデザインを施す喜び。

仕上げにイニシャルを入れる達成感。

ステッカーに加工されるのを待つワクワク。

そしていよいよ自分のアートを病棟の白い壁に貼るドキドキ！

ステッカーに仕上がったものを搬入したときは、「可愛い！」という子どもたちの興奮した声と、「うわ〜っ、素敵！」という病棟スタッフの声が病棟に響きました。

アーティストと子どもたちのセンスと指示のもと、ＳＨＪアシスタント、保育士さんやお医者さんもみんなで一緒になって賑やかに、

「これはここ」

「それはもう少し上」

「これは少し右ね」

「それはもうちょっと左のほうがいい」

などとワイワイ言いながら貼っていきました。

仕上がるほどに、子どもの家族も病棟スタッフも集まり歓声をあげました。

生活の場である病棟の様々なシーンを明るくするためにアイデアは膨らみました。

まず、保育士さんによるアイデアで、病棟の入り口扉は海中をイメージしました。この病棟の入り口はガラス張りの自動扉なので、外からも内側からも見ることができます。ここに子どもたちやお母さんたち、そして保育士さんが自由に塗りデザインしたたくさんの魚と海藻のステッカーを貼ります。開くときに片方のガラス扉がスライドし、もう片方のガラス扉に重なるので海藻の間を魚が泳いでいるように見える仕組みです。

病棟の外からも見えるから、退院後の外来で入院中お世話になった看護師さんやお医者さんに会いに行くとき、自分の作品を見ることができます。退院後にも気を配る保育士さんの発案は絶大な支持を集めました。

プレイルームの外廊下には、ステッカーで愉快な街の絵が出来上がりました。色とりどりの不思議な建物には動物や果物が隠れています。貼ったあとも、ただ見るだけではなく、宝探しをするように能動的に楽しめるようにと工夫をしました。

手術を終え回復を待つための個室には、パステル調の色で温かな絵を描いたステッカーを貼りました。

ひときわ広く間延びしたような大きな壁は、太陽降り注ぐ草原のステッカーにしました。廊下を曲がってトイレに向かう狭い通路にも、鳥が悠々と飛んでいます。子どもたちがここ、あそこ、と場所を選んでワイワイ貼ったことで奥行きのある空間ができました。

そして、病棟スタッフたっての希望で、廊下の天井を明るくデコレーションしました。ストレッチャーに乗って、病室から手術室に移動するときや、処置室で検査が終わり病室に戻るとき、天井を見上げると、空が見えたり鳥が飛んでいたり、その中に紛れてＵＦＯが飛んでいたりしたら、楽しいのではないかという話になったのです。普通に廊下を歩いているときには見えない、ストレッチャーに乗った人だけが見える特別な風景です。目に入るのが無味乾燥な天井だけだったのをどうにかしたい、手術や検査の不安が少しでも消えて楽しみに変わるようにという思いからでした。

なかでも、全員の思いが一番込められているのは、移植手術などのあとに入る無菌室を出たところの廊下に施した大きな木です。この木は病棟医長により「病棟のシンボルツリー」と命名されました。

この木に子どもたちの「思い」という果実をどんどん実らせたいという医長の願いを形にするべく、アーティストがとびきり楽しいツリーをデザインしました。

子ども、保育士、SHJスタッフが、一緒に廊下の壁にステッカーを貼る様子

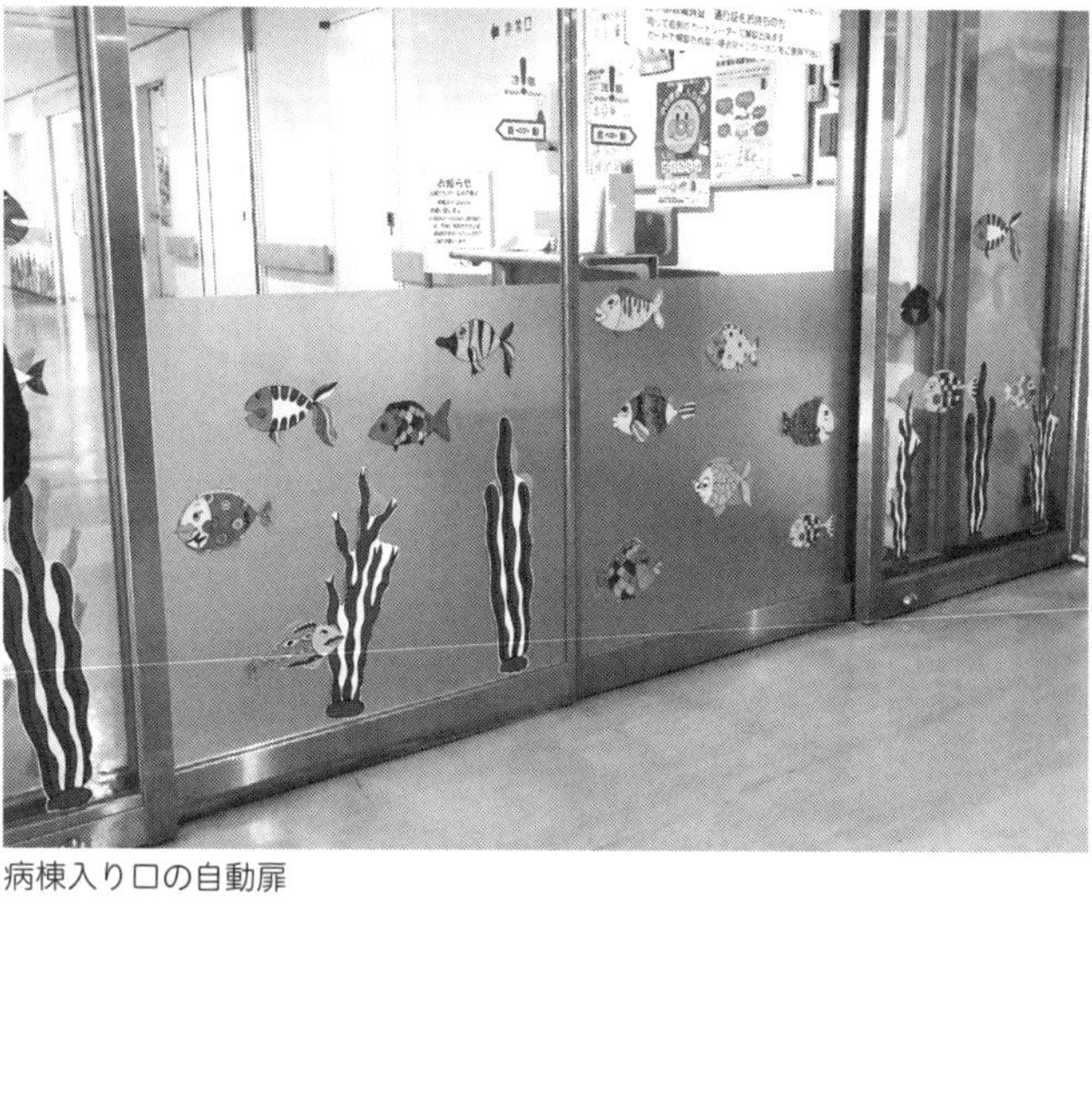

病棟入り口の自動扉

無菌室で子どもたちは、いつも以上に身体的自由を制限され、とても長く孤独に感じられる時間を過ごします。

無菌室での治療を終えた子どもたちは、「辛い骨髄移植を頑張った自分を讃える自分へのメッセージ」そして「これからしばらくの間この部屋で過ごし移植を頑張る仲間たちへのエール」を、フルーツ型のステッカーに綴りツリーに貼り足していきます。

今では病棟の中心的な存在となり、子どもたちの「思い」の果実がどんどん実っています。

この部屋に入ったときには怖かったけど今は好きなことをしています。

がんばれ！

先生や看護師さんもとても優しかったよ。みんなも頑張ってね。

きっと大丈夫！　絶対に元気になります！

諦めないで頑張ってね。

Good luck, everyone. You can do it!

子どもはこのようなメッセージをツリーに実らせることで、他の子どもを応援する役割を担います。痛みや恐怖、我慢や寂しさを乗り越え、成長してきた子どもたちだからこそできる、

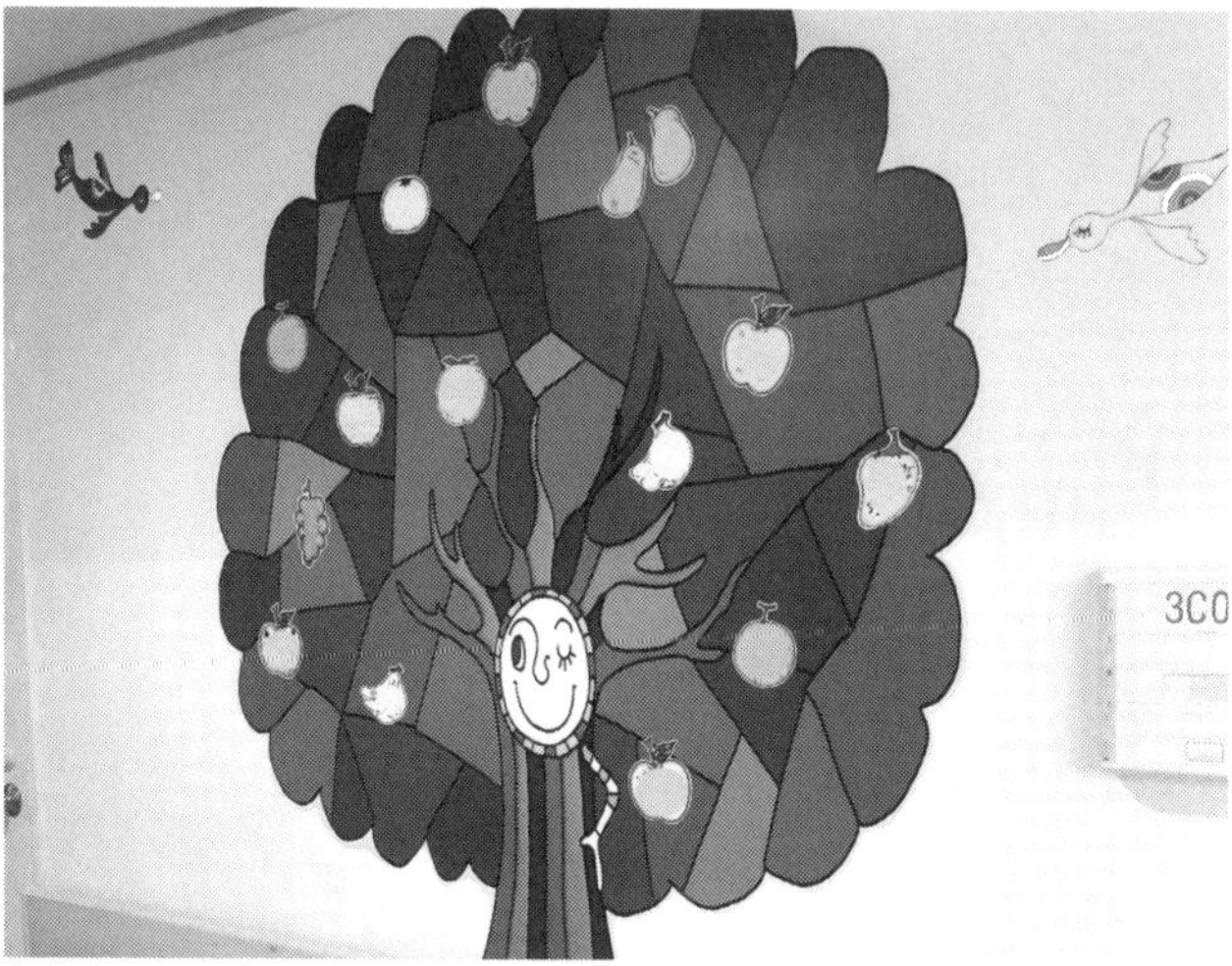

無菌室のシンボルツリー、果実には子どもたちのメッセージが

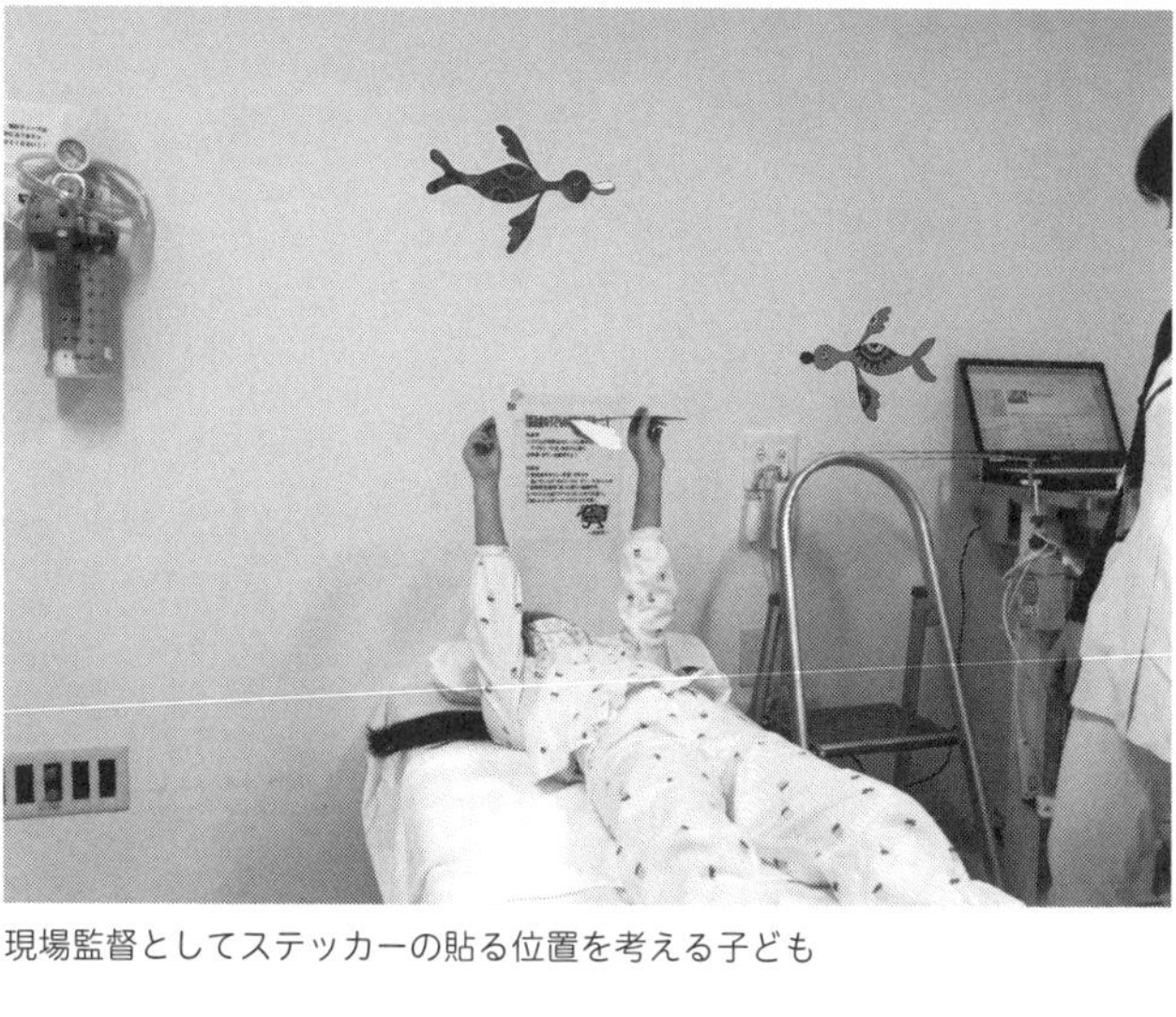
現場監督としてステッカーの貼る位置を考える子ども

他の誰にもできない、何よりも実感のこもった形でのサポートです。彼らはもはやただ治療のためにここに連れてこられた「受け身」の存在ではありません。

メッセージの果実は、さらに親同士、医療者間の励みにもなっているといいます。退院していった子どもたちの「勇気」という置き土産に、闘病する子どもたちはもちろんですが、医療スタッフこそが勇気をもらい、思いを新たにするのだといいます。一人ひとりの笑顔がよぎり初心を思い出させ、掛け替えのない命を預かり護るというミッションへの誓いを新たにする、そんな存在なのです。

この病院でのウォールアートプロジェクト以降、他の病院でも小児病棟の処置室の壁を楽しく飾りたい、という声があがりました。注射などをする処置室は子どもにとって特に憂鬱な場所です。

なんとか気持ちをそらすような雰囲気にできないかという看護師長さんは、自由にステッカーを貼る場所を決められるよう、壁に貼ってあった医療者向け掲示物をすべて剥がしました。

ここでも現場監督は子どもたちです。アイデアを出し、手が届かない場所は年長の子どもが貼ったり、保育士さんに場所を指示したり。模様替えの完成した処置室は見違えるように明るくなりました。

「これで私たちも仕事が楽しくなる！」とは看護師さんの言葉です。医療者の表情一つで子どもを不安にさせるか、安心させるかが決まると言ってもいいくらいですから、嬉しくて心躍りました。

病棟のみんなが参加したウォールアートは、その活動を通して病棟全体の空気を変えました。物理的に場の雰囲気が明るくなったことは言うまでもありませんが、「子どもや家族が自ら病棟を飾る」という行為自体も、「病院はただ治療を受ける場所」というみんなのなかにあった概念を覆したように感じます。子ども目線の病棟にしようという一つの目的に向かって、医療者や患者という立場の垣根を越え、子どもも大人も一緒になって取り組んだのも、これまでにはなかったことです。

きっかけは、子どもがアートを通して「今この瞬間」を心の底から楽しむ姿でした。その姿に、周りの大人たちも心動かされ、自身の心が解放され、一人ひとりが自分らしく楽しめるアイデアが生まれたのです。

廊下を歩けば子どもたちの作品や大きく変わった病棟風景に癒やされます。みんなで参加し完成させたアートが共通の話題を生み、シンボルツリーの周りは、自然に足を止め、何気ない会話に花が咲く空間になっています。

子どもの不安や孤独を取り除くために必要なこと

日本大学医学部附属板橋病院
医師　平井麻衣子さん

私は日本大学医学部附属板橋病院で小児科医をしています。

以前からみんなで外出届を出して、病棟の子どもたちとお花見に行くなど、入院中の生活を楽しいものにするのを大切にしてきました。そういう時間がわずかでもあると、少しでも治療を頑張ろうと思えるのではないかと考えていたのです。ただ、私が小児科の病棟医長を努めていたころは年に数回しか病棟のイベントはなく、楽しいイベントをもっと開催してあげたいと思って調べるなかで、ＳＨＪを見つけました。全国の小児病棟での活動実績もあるのを見て、私から松本さんにご連絡しました。

病院でのボランティアは単発のことが多いのですが、ＳＨＪは定期的に来てくれるのが魅力です。長期入院で希薄になりがちな生活にリズムが生まれ、次の活動を目標に治療に取り組むという良い流れになっています。家に帰れないストレスの発散にもなっているようで、子どもたちの笑顔も増え、よくつくったアートを見せてくれます。

活動も準備してきたものをただやるのではなく、子どもの細かいリクエストを聞いたり、状態を見て内容を提案したりと、オーダーメイドのように一人ひとりに合わせて考えてくれます。定期訪問だからこそ、子どもたちの状態を深く理解して、活動をアップデートしていけるのだとも実感します。

活動をするなかで、病棟保育士さんたちがいきいきしてきたのも印象的です。これまでは年に数回のイベントに力を入れて遊びを提供していたのが、Ｓ

ＨＪが来るようになってからは、毎月2回の活動に向けて、楽しそうに準備をしています。

病棟の壁にウォールアートを貼った活動は、「病棟を、子どもたちが日常を楽しく過ごせる場にしたい」という私たちの願いを実現してくださったプロジェクトでした。小児専門の病院だと、壁に絵などが描かれていたりすることも多いのですが、板橋病院は古いこともあり、小児病棟が無機質で冷たい印象だったので、どうにか楽しい場所に変えられないかとご相談したのがきっかけでした。

特に熱を入れてお願いしたのは、無菌室の入り口横にある大きなシンボルツリーです。ここには退院した子たちからのメッセージが書かれたフルーツのシールを貼れるようになっています。無菌室からは、一度入ると約3週間は出ることができません。家族や他の子どもたちと触れ合うこともできず、非常に孤独な闘いになります。そんな状況に立ち向かう子どもたちに、なにか勇気を与えられないかと考えたのです。同じ病気と闘う子どもたちから励まされ、治ったら励ます側になることで、勇気のバトンを繋いでくれたらと。

子どもたちは自分の力で同じ病気の子たちをちょっとでも楽にしてあげたいという気持ちが本当に強くて、すごく真剣に一生懸命考えてメッセージを書きます。移植後にメッセージを書くのを励みに治療に取り組んでいる子もいて、やってよかったなと心から思っています。

治療は、病気の痛みを軽減することはできても、患者の不安や孤独までは取り除くことはできません。ＳＨＪの活動には、子どもたちの精神的な辛さを支えてもらっているように思います。

子どもたちの健全な発達や治療中の精神的なサポートのためには、楽しいことを思いっきりできる時間も、病気の治療と同じくらい大切だという考えが、もっと広まることを願っています。

子どもが子どもでいられる時間を

日本赤十字社医療センター
保育士　赤津美雪さん

私は日本赤十字社医療センターの小児病棟で保育士として働いています。病棟には新生児から概ね中学生までの幅広い年齢の子どもが入院します。保育士は、子どもと信頼関係を築きながら、年齢と状況に応じたストレスのケアや成長発達につながる、会話や遊びなどの関わりを持ちます。

入院生活の中で子どもは様々な不安や恐れなどを経験します。主たる養育者（以下、家族）に情緒的に関わってもらうことで、安全の感覚を回復・維持することが必要ですが、子どもの「安全基地」であってほしい家族自身も、子ども以上に不安や困難を抱えています。したがって、個別の状況を尊重する関わりが大切になってきます。また、入院中は子どもの成長に必要な体験が限られています。そのような中、それぞれのニーズに対応しながら、子どもの生活を豊かにする関わりも同時進行で保障していくことは難しく、何か方法はないかと考えていました。

そんなときに出会ったのがＳＨＪでした。活動の概要を伺った瞬間に「待っていました！」と思いました。見て感じて、楽しみながら、主体的に参加できる。まさに子どもの成長に必要だと、私が感じている活動だったからです。

実際に活動を体験してみると「すごい。思っていた以上だ」と感じました。子どもや家族の表情がみるみる変わっていったのです。バルーンアートのアーティストが、通りがかりの医師をパフォーマンスに巻き込んだこともありました。それ以降、その医師は「風船をした先生」と呼ばれるようになり、子どもとの距離がぐっと近づいたようです。

病院の外の人がやってくることの意義も感じています。ある日、誰にでもいつもニコニコしている子どもに、アーティストが「こんにちはー」と近づきました。すると目があった途端にその子がギャアっと泣きはじめたのです。その姿を見て病棟スタッフは、人見知りが始まったこと、それは大切な発達の節目であることをその家族にお伝えすることができました。

また、手術前日に入院をしてきた子どもたちは、手術への緊張感と同時に、なじみのない環境にも不安を感じています。そんな中、SHJの活動に参加したことがきっかけになり、楽しかったこと面白かったことを共有し合うことで、同室の子ども同士のコミュニケーションが促進されます。その結果、子どもたちの表情が和らぎ、なじみのない病室を自分たちの居場所として彼ら自身が受けいれていく、ちょうど良い時間になっています。


さらに、保育士としてありがたいことは「定期訪問」です。活動終了後に子どもたちから「次はいつあるの?」と問われたら「来週よ!」と答えることができるのです。「アーティストがまた来る」という見通しを持って入院生活を送るということも、子どもと家族にとって大切だと考えます。

私は、どんな状況にあっても「子どもが子どもでいられる時間を保障する」ことが大切だと考えています。個人差が大きく、興味を持つところやそのタイミングも異なる子どもたちが、見て感じて主体的に参加し、いろいろな楽しみ方ができる、そのような様々なパフォーマンスを運んでくださるSHJにはこれからも活動を継続していただきたいです。

第5章
支援されるだけじゃない！

「治療」が最優先される病棟において、立場を超え一人ひとりが自分の感性のままいられるような関係性になれたのはなぜなのでしょうか。それは、アートが「支援する・される」という関係を崩したからだと私は考えています。

普段、現場スタッフたちは自分の職務に沿って患者を支え、患者は医療者に従って治療を受けます。しかし、ウォールアートのプロジェクトでは、それぞれが個人として自分の感性を動員しながら、過ごしやすい環境をつくろうとする気持ちを共有し、一緒に取り組んでいました。

そうすることが素直に嬉しく楽しく、そして何より自分らしくいられる時間となったことで、みんながフラットな関係になったのです。

医療者でない存在として

高度な医療の現場は、極めて専門的で緊張感のある世界という印象を、多くの人が持っているのではないでしょうか。

難病と闘いながら長期入院を強いられる子どもたちのいる小児病棟ではなおのことです。

子どもにとって必要なはずの成長のための環境とは程遠く、「治療」を中心に生活が回っている場所です。

そのようななか、私たち、入院中の子どもたちと関わるNPOは、医療者ではない立場で病棟に存在するわけですが、だからこその意義があると考えています。

病院では当たり前の存在である医療者。

かたや場違いで超個性的なアーティスト。

アーティストは、患者と医療との間にある緊張感を解きほぐす存在でもあります。治療や痛いことを連想させない安心感、憐れみや心配そうな顔ではなく陽気な笑顔、のびのびとした関わりやふれあい。そうしたものを届けることで、「医療者、患者という立場の垣根を取り払う」役割も担っているのです。

じわりじわりと「場違いの効用」を実感するのは、医療者たちが、大道芸人に引っ張り込まれ、ボケ役という大役を仰せつかってまんざらでもなさそうなとき。いつか子どもたちに披露しようと隠し持っているバイオリンを、活動に合わせてプレイルームに持ってくるとき。処置の時間が活動と重なると、子どもの生き生きとした表情を見て、終了時間を聞いて医療者が出直すとき。笑っている子どもを見て眉間のシワが目尻に移るときなどです。

医療者が医療者としての立場と素の自分を行き来しながら子どもと接するようになることで、病院という場所が「治療の場」でありながら、子どもたちの成長する場所に変化していっているように感じます。

さらにあらゆる分野のアートを届けるのが活動の特徴ですから、子どもたちは一人ひとりの個性や嗜好によって、参加するかどうかを選べます。たとえば今回は音楽であまり興味がないけれど、次回は好きな塗り絵の活動だから参加しようなど。会う人も接するものも限られる病棟での生活で、この多様性も刺激になっているのではないでしょうか。

「生きている」実感

長期入院をしていたころ、自分はいつも誰かに世話をされながら決められた検査や治療やリハビリを受ける身、つまり、支援される受け身の立場でした。しかし、あるきっかけにより、「あ、私生きてる」という実感とともに、主体的に身体が動くのを感じたことがあります。

一般病棟に移ってしばらくして、4人部屋の向かいに外国の方が入院してきたときのことです。

「日本語がほとんどできない方なので通訳していただけますか。病名などの専門用語は医学英語辞典を見ればわかるけれど、実際の会話にはあまり役に立たなくて……」

私が事故前に翻訳をしていたことをどこからか聞きつけた看護師さんが、困った顔をしながらベッドサイドにやってきてそう言いました。

え？　今の私になにかできることがある？　戸惑う隙も返事をする暇もなくカーテンが開かれ、ジュリアという女性を紹介されました。

入院初日、家族と一緒にベッド周りを整えているところでした。

「ヨロシクオネガイシマス」とにこやかに日本語を話してくれました。

それからはカーテンを開けている時間が長くなりました。

何気ない会話を通してどんなことが必要かなと、考えることから始め、なんとか動く左手を動かし、体調を表す簡単な単語集や容態の聞き方会話リスト作りに張り切ったりもしました。

2週間もするとジュリアは退院となりましたが、失ったなにかを取り戻させてくれた、そんな一期一会でした。支援されるだけの立場と決めてかかっていたなかで、実はそれだけではないと気づいた瞬間、身体中を新鮮な風が一巡し、目の前の風景までもが変わったかのように感じました。今ここにいる自分を感じ、生きる希望を持ちはじめたという感覚です。どんなに小さなことでもいい、自分が主体的になれると気づいた瞬間から世界が一変したのです。

奇跡的に命が助かったことにまずは感謝するも、自分は周りに迷惑をかけているだけなのではないかと、自分の非力さを腹立たしく思っていたころは、自分らしくなにかに没頭するということは発想としてまずなかったというのが正直なところです。他人の力なしでは何もできない自分への歯がゆさと卑屈さ、そして空虚な気持ちに苛まれ続けました。

病気になって入院している子どもも、自分は守られるだけの弱い存在で家族に負担をかけていると、申し訳なさを感じることはあるようです。病棟で「支援する・される」の関係を超え、医療者とともに目一杯アートを楽しむことは、ジュリアと出会ったときの私のように、そうした閉塞感から抜け出すきっかけになっているのではと考えています。

さらに活動をしていると、「支援する側」と「支援される側」をダイナミックに行き来している人たちに出会います。

病室で社会貢献

教員を辞めてからもう何年も経つというのに、ずっと仲良くしている生徒がいます。当時中学生、高校生だったから今は立派に成人している人も多くいます。

そのなかに、ＳＨＪの頼もしく強力な賛同者がいます。

彼女は私がＮＰＯを立ち上げた当初から、応援してくれていましたが、忙しい学生生活を送るなか、なかなか参加するまでには至りませんでした。そんな彼女が一旦は病院から遠のいたにもかかわらず、しばらくして手術を迫られ、再び長期の入院生活を強いられました。

術後しばらくして彼女から、「退屈だからなにか仕事させて！」という嬉しい申し出がありました。ベッド上でニュースレターやホームページを見て、ＳＨＪのことを知れば知るほど共感が深まり、「なにかしたい！」という衝動に駆られたのだそうです。

数え切れないほどの困難、障がい、不自由に苦しめられながらも、人の役に立ちたい、病室で活動をしたいというのです。長期にわたり入退院を繰り返し、そして今も入院生活を送る彼女だからこそ、活動の意義を誰よりも深く感じているのでしょう。

ＳＮＳを使えばどこにいたって仕事はできると、ネットを通したＳＨＪの紹介方法や広がりについて分析し、フェイスブック、インスタグラム、ブログなどの発信を工夫してくれます。

病院で治療を受けながら、自分と同じように入院している子どもたちを支援する団体のメンバーとして活動することで、同じような立場の人に、社会参加への希望を持ってもらえたら、という意気込みもあるようです。

そんな彼女は「病室で社会貢献」という新しいスタイルのパイオニアです。

子ども院内放送

入院中の子どもたちに、ただ守られ治療されるだけの存在という枠を超え、活躍の場を設けている病院があります。

あるとき病棟を訪れると、可愛らしい女の子の声が全館スピーカーから流れてきました。

「1時から3時まで安静時間です。ベッドに入って横になりましょう」

諸々注意事項が続きます。録音ではない生のアナウンスは滑らかで、明らかに棒読みではありません。それもそのはず、まだ字が読めない幼児さんです。このお仕事が大好きで長い放送内容をすべて覚えてしまったのです。

他にもいろいろ係があり希望する子が順番制で受け持ちます。どの子も嬉々として任務に就くそうです。

仕事を選ぶこと、自分に役割があること、それにより周りの人が助かっていると実感することで、子どもに使命感と自尊感情が芽生えているようです。

盲目の朗読家

SHJのアーティストのなかには、自身に障がいがある人もいます。幼いころに感染症が原因で視力を失ったアーティストは、点字本を使った朗読家です。

「私ね、目が見えないんだ。だから字を読むのではなく点字を読むね。点字って知ってる?」

点字本のポツポツを子どもに触ってもらいます。

「このポツポツの塊一つずつが文字なんだよ。私はそれを指で読むの」

びっくりしている子ども、言葉の出ない子どもにも、ゆったりと話しかけながらなにかしらの反応を待って、空気の動きを感じとりながら、朗読を進めていきます。

「じゃ読むね」

1ページごとに「めくるよ」と優しく声をかけます。

小さな子どもには点字付き絵本を使います。文章の上に透き通った点字が並んだものです。指で読んだら、そのページの絵を横になっている子どもの目の高さや角度に合わせて、ゆっくり見せます。子どもが絵になにが描いてあるのか話し、アーティストがそれに答えながら点字の物語を読むと、お話の世界がありありと浮かび上がってきます。

小学校中学年以上の子どもへの朗読は、真っ白なツルツルの紙に突起が並んでいるだけの点字本を使います。指先でなぞりながら、登場人物さながらの声の調子と行間の広がりを豊かに演出します。

入院していて外出ができない自分たちのために来てくれたのは、目が見えないという不自由を持つ、一見支援を必要としている人。病室を移動するときは右手で白杖をつき、左手でアシスタントの肘をつかんで歩いています。

そんな様子を見た子どもたちは、自分と同じように困難を抱えている人が自分たちのところにきてお話を聞かせてくれることに少なからず衝撃を受けます。しかし、関わっていくうち、身体が不自由でも得意なこと、好きなことを伸ばすことができる、そして人のためになにかができる、ということを知ります。

点字のお話の会に参加した、6歳の女の子のお母さんがこんなメッセージを書いてくれました。

6歳の娘は点字について初めて知りましたが、「あ、せんたくきにてんじあるよ」とお家の洗濯機のボタンについているぼこぼこの印に意味があることを知りました。目の不自由な方がいることも初めて知りました。

手術の2日後でベッドから動けないときに絵本を読んでもらい、気持ちが紛れた娘は、

「めがみえないのに、てんじをべんきょうして、ほんをよんでくれてすごいね。こころがこもっていてじょうずだった。またよんでほしいな」
「めのみえないひとがこまっていたら、たすけてあげたいな」
と言っていました。

この女の子は、まず生活のなかにあるポツポツが何を意味しているのかに自分で気づくことができました。そして、目が見えなくても勉強もできるし本を読むこともできる、人に読んで聞かせることもできると知りました。さらに身体に困難がありながらも病気の自分を訪ね励ましてくれたこと、楽しい時間をつくってくれたことへの感謝の気持ちから、「困っている人がいたら助けてあげたい。人の役に立つ人になりたい」と思うに至ったのです。

点字という目新しいものへの興味から、それを使う人の動きや、それがどんな世界をつくっているのかをじっと観察し、合点がいき、感動し、さらに外へと気持ちが広がっていったのでしょう。

自分も病気になってしまったけれど、周りには違った困りごとを抱えている人がいることを知り、困難があっても助けてもらうばかりではなく、好きなことや得意なことで人の役に立てるのだと知ったのです。

「かわいそうな子ども」ではなく

アーティストに応募してくれた、あるハープ演奏者から、こんな質問を受けたことがあります。

「ボランティアは時として、患者に卑屈な思いをさせます。その点、どうお考えですか？」

この方は小さいころから病院で生活することが多く、ずっと車椅子生活をしています。入院中はいろいろなボランティアが訪れては演奏してくれたり、マジックを見せてくれたりしたけれど、どれも単発の慰問でした。何回か参加するうち、いつの日か、「自分たちを哀れんで来てくれている。私ってかわいそうな存在なの？」と子ども心に自問したといいます。

音楽家になってから、そのころの思いをバネに、決して「かわいそうな子ども」などと思わせるようなボランティア活動はしないと心に決め活動場所を模索するも、なかなか実現できずにいました。そんななか、単発ではなく定期的な活動をしているＳＨＪを見つけ、「これだ！」と思い、応募したと話してくれました。反面、幼いころに感じた「慰問」という形への否定的なイメージは拭えず、単刀直入に尋ねてきたのです。
私はＳＨＪのアーティストが子どもたちを哀れんで慰問しているのではないことを話しました。単発の慰問で終わらない定期的な活動であること。さらにプロの演奏やパフォーマンスだからといって一方通行に披露する劇場型ではなく、一緒に楽しむ参加型であること。それゆえ、子どもたち自身が夢中になって主体的に活動をしていること。そう話すと、アーティストは、活動が楽しみだと話し、その表情は晴れやかなものに変わりました。

この方の投げかけは、ボランティアとしてのあり方を再認識させてくれるものでした。ボランティアとかわいそうな子どもといった「支援する側とされる側」という構図が消え、互いがそれぞれの立場を超えて自分らしくいられる現場が、これからもどんどん増えていくことを願ってやみません。

アーティストが受け取るもの

活動を始めてしばらくしたころ、知り合いのアーティストが意外なことを口にしました。

「毎日絵ばかり描いていて、いったいい人の役に立っているのかな、と悲しくなる。自己満足で終わってる感じ」

驚いた私は、思わず熱く語ってしまいました。

「ちょっと待って。誰でも美しいもの、心動かされるものを無意識に求めるものでしょう？見て聴いて触れて、そして豊かな気持ちになる。疲れていたり、傷ついたり、気持ちが落ち込んでいたりしたら、なおのこと。心をリセットしたり、ホッとしたりするでしょう？まして、闘病中の人、不自由と折り合いをつけながら生活する人にとって、夢中になれるアートはすごい力を発揮すると思う。だからこの活動を始めたの。特に子どもだったら毎日成長していくなかで、絵や音楽といった情操活動が、絶対に必要。ぜひ力を貸して！」

好きな絵やものづくり、音楽が日常にあることで、生活が豊かになると私は実感しています。プロによる本格的なアートであれば、その力は計り知れないと感じます。

このアーティストもＳＨＪの活動をするようになって、自分のアートで子どもの表情がみるみる変わるのを実感したようです。「活動できて本当に嬉しい。画家になってよかった」と言いながら活動を続けています。

自分の力で人を幸せにできる、喜んでもらえることを知って救われた。活動のたびに子どもたちから、大切なメッセージを受け取ることができる。そう話すアーティストもいます。

3章でもご紹介したとおり、病棟での基本的な注意事項や心構え以外、アーティストには、細かなプログラムの内容や進め方を指定することはありません。

本物本気のアートを届けること。子ども中心の参加型活動であること。プレイルームに来ることのできない子どもにも、ベッドサイドまで行って届けること。それ以外にルールはないのです。だからこそ、アーティストたちは、毎回の活動で、子どもの反応や表情から気づき、学びます。

役に立ちたいと意気込んで活動を始めながらも、逆に自分たちの方が目の前の子どもたちから大切なことを教わっていることに気づくアーティストたち。

アーティストは支援する側でもありされる側でもあり、そして子どもたちは支援される側でもありする側でもあるのです。

当事者性をめぐる葛藤

がむしゃらに立ち上げた団体が安定しはじめたころ、ふとある思いにとらわれました。難病や障がいのある子どもの支援というけれど、自分はどれほど彼らの、そして家族の思いをわかっているというのだろう。当事者でもなく、ただ院内学級の教師をしていたというだけ。同志に会いに行くような気持ちで迎えた院内学級での初日に、長期入院を経験したとはいえ、難病と闘う子どもや家族に比べたらそれはほんの小さな出来事だったのではないか、子どもを支えるというのは思い上がりなのではないかと自分に問うたときと同じ感覚が蘇ったのです。

確かに院内学級にいたころは、朝、病院に着いてから夕飯の近づく時間まで子どもたちと同じ時間を共有し、病室でいろんな話をしたし、複雑な胸のうちを明かしてくれる生徒もいました。彼らといると不思議と素直になれて、彼らのひとことひとことを宝箱にしまうように大切にしている自分がいました。人知れず闘う幼い勇士たちに敬意さえ抱いていました。

母親たちとの交流もとても深いものでした。子どもを見送った家族との付き合いもありました。私にとって、職員室より病棟が自分の居場所だったからでしょうか、お母さんたちは私に仲間意識のようなものを持ってくれて、集まりの仲間に入れてくれることも多くなりました。しかし、当事者しか語れないような内容を話し合うのを黙って聞いている自分には、どこか負い目がありました。難病の当事者でも、難病の子を持つ親でもない自分に対する葛藤があったのです。

私がいていいのかな？
わかったようなことを言ってしまっていないかな？

一方で、教室での子どもの様子やベッドサイド授業のときのやりとりなど、教師と子ども一対一の関わりは、お母さんたちの知らない部分です。闘病中も頑張るわが子の一面を知る教員の存在は、学び生きたわが子への誇りを新たにするきっかけとなったようにも思います。しかし、いずれにしても当事者ではありません。

そのような葛藤は、とにかく子どもたちの閉塞感を取り払い、広い世界にいざないたいという思いを抑えきれずに活動を立ち上げたころは、意識下に深く眠っていたのでしょう。しかし、活動が定着したころにふと目を覚ましたのです。

当事者でもない自分が、子どもの気持ち、家族の苦労や自分を責めさえしてしまう母親の思いに、100%寄り添えるはずがありません。

団体を立ち上げてからのお母さんたちの集まりでは、活動について話題になることがあり、「この活動、わが子が入院中にあったらどんなに良かっただろう」「今は無理かもしれないけど、そのうち手伝わせてね」というお母さんがちらほら現れるようになりました。当事者性の欠如というくすぶっていた思いが、「ぜひお願いします」という声になって自分のなかから飛び出しました。

その後しばらくして参加への声かけをしてみると、当事者といっても一人ひとりの捉え方に違いがあることに気づきました。病院に戻って辛かった思い出が蘇ってしまうから絶対に無理とはっきりと断る人もいれば、参加するのが遅すぎたくらいだと言って参加してくれる人もいました。

活動が始まってから3年ほどしたころ、難病の子を持つあるお母さんが、ホームページを見て強く共感したと連絡をくれ、ピアニストとして、事務局メンバーとして、参加してくれることになりました。難病の子の親として闘病生活の実態をよく知る体験者が、絶対に必要な活動だと、太鼓判を押してくれたのです。大きな大きな勇気をもらいました。

「ああ、この団体をやっていていいんだ、子どもたち、家族の力になっているんだ」と初めて認められたような気持ちになり、胸のつかえが取れた瞬間でした。

活動をするなかで、院内学級で初めて担任をした優くんのことは、いつも心にあります。すでにターミナル期に入っていながら今このときを精一杯生きる彼の時間を、もっと豊かにできたんじゃないか、もっと楽しいことができたんじゃないかと思う無念さがこの活動の原体験です。自分は当事者ではないという引け目を拭えずにいたけれど、この原体験にあったような思いは、当事者性を超えてつながっているように思うのです。

自然発生的に、たくさんの人が集まってきました。支援したりされたりということも含めて、違う経験をしてきた人が集結し同じ思いを共有していることが、団体の強みになっているのかもしれません。

実際の現場で活動するアーティストたちにも様々なバックグラウンドがあり、また、個人としての経験もプロの技術も一つとして同じものはないなか、子どもの人生を良くしたいという共感が真ん中にあります。

自分が難病でもなく難病の子どもの親でもないという負い目や葛藤がまったくなくなったわ

けではありません。それでも、様々な生き方や価値観に出会ったことで、多様な立場が共感をもとに集まれる場所をつくることにも、意義があるのではないかと思うようになりました。

子どもの新たな一面に気づくきっかけ

SHJコーディネーター
五十嵐純子さん

　茨城の病院で、アーティストの活動を調整するコーディネーターをしています。私自身、重症心身障がいの娘を持つ親でもあります。

　病気や障がいがあると、子どもも家族もなかなか病院や家の外には出られません。新しい出会いもなく、変化がない日々が続くと、苦しくなってきます。命を守るための緊張感も、いつもどこかにあります。そこにアーティストが来ると、今までと同じ場所に、新しい世界が広がります。

　コーディネーターをしている病院では、身体に力が入らなかったり、硬直してほとんど動かなかったりする子が多くいます。アーティストが来ると、そういう子の指先がぴくぴく動いたりするんです。小さな動きですが、その子にとってはものすごく大きなことです。「こんな動きを見たの初めて！」と感動するお母さんもいます。

　アーティストがピアノを弾きながら「みんなで歌おう！」と言うと、これまで聞いたこともないような大きな声を出して、手を伸ばす子もいます。リハビリで「伸ばしてね」と言っても伸ばせないのに、その場では自然と伸びるんです。わぁ、すごいと思う瞬間です。自分ではできないと思っていたことが、生の音楽に誘発されてできるようになっているのだと思います。治療プロセスのなかでの予測を超えた動きに、医療従事者の方も驚かれます。

　こうしたことが起こるのは、アートの力はもちろん、アーティストが「定期訪問」をして子どもたちに寄り添っているからだと感じます。病気や障がいのある子の体調の悪さは、健康な子と質が違います。子どもによっても違います。定期訪問で一人ひとりの状況をわかってもらえていると、家族も子どもも、安心して楽しめるんです。アーティストは、子どもが新たにできるようになったことにも気づきます。一緒に成長を見守ってくれている感覚です。

コーディネーターをするなかで、病院のスタッフの方からSHJの活動以外の相談を受けることもあります。最近では小児病棟の夏祭りで、子どもが主体的に楽しむにはどうしたらいいだろうかとご相談をいただきました。身体にも気持ちにも無理なく、どうすれば子どもが楽しめるのか。入院生活を支えるチームの一員という気持ちで、お応えしています。

活動するうえでの原動力は、自分の経験にあります。娘の出産のときは早産で、私自身しばらく入院していました。退院後に障がいのある子の子育てをどうやっていくのか、自分の仕事をどうするのかと考えるなかで、自ら喜びや刺激を求めることは難しかったです。退院してからも、1年半くらいは引きこもりがちでした。過去の自分のところにも、こんなふうにアーティストが来てくれていたら、子どもも私ももっと日々を楽しめたかもしれないと思うのです。

コーディネーターをするようになったことでも、変化がありました。年に1回の研修会には、娘と一緒に参加します。この研修会が親子旅にもなり、夜の渋谷を車椅子で移動するなんて、今までしようとしなかったことができました。娘との関係性も変化したように思いますし、娘はとてもいい顔で笑うようになったなぁと感じます。

病院ではもちろん命が一番大事なのですが、子どもも家族も生きるうえでは、喜びが必要です。これから何十年、着実に活動が続いて、子どもの入院生活に治療以外の時間があることが、もっと普通になるのを願っています。

第6章
その先の支援へ

重症心身障がいの子どもたち

「小児病棟にアートを届ける！」と意気込んで活動するうち、「これでいいのかな？」と戸惑うことが度々ありました。

ほとんどの病棟に、重症心身障がいの子どもがいます。重い身体障がいと知的障がいを併せ持つ子どもたちで、視覚障がいなどが重複する場合も多くあります。病弱な体質の子も多く、入院治療することも少なくありません。

活動には必ず病棟保育士さんが付き添い、病室にエスコートしてくれます。「どの子にも平等に、質の良い刺激を」という方針のもと、その日活動が可能な子どもたちすべてと関われるよう案内してくれるのです。

しかし、今まで活動した病院でたった1ヶ所ですが、重症心身障がいの子どものベッドを通過してしまう病院がありました。

「あれれ、あの子は？」と後ろ髪を引かれながらも保育士さんのあとを追います。なにか事情があるのか、時間の問題なのか、これから処置なのかといろいろ考えましたが、様子を見ているとそれらしい気配はなく、何となく釈然としない気持ちで病棟をあとにしました。

また、ある施設では、「重心の子は発達年齢が1歳で停止する。だから1歳向けの活動をしてほしい」と話す職員がいて、「それは彼らの可能性を過小評価しているのでは？」という散々のやりとりのあと、そこでの活動を取りやめたことがありました。子どもたちには申し訳なかったけれど、3～5歳の子どもに1歳児向けの活動をしてほしい、という要望にはどうしても応えられなかったのです。

見た目や先入観で決めつけないで！　みんな感性が豊か。働きかければかけるほど情緒も安定し、吸収してくれる。こちらの工夫次第なのに。他の病院での子どもの変化を見てきただけに、悔しい気持ちが募りました。

近年の医療の進歩には目をみはるものがあります。誕生後、保育器のなかで一生懸命に命をつなげ、頑張る赤ちゃんがいます。その頑張りに医療が寄り添い、敬い、一緒に試練を乗り越え、救われた命。数週間、数ヶ月に及ぶ入院生活を経てお母さんの腕のなかに戻ってきたあとも、お家には当分帰れずに一般病棟で過ごさなくてはならない子どももいます。

急性期を過ぎ、重い障がいを持った子は医療的ケア（痰の吸引や中心静脈栄養、人工呼吸器の管理など）が手放せない場合が多く、退院後は自宅での家族によるケア、訪問医療・看護が始まります。家族は24時間つきっきりのケアとなり、外出も十分な睡眠も確保できません。体調が不安定なために一度退院したあとも入退院を繰り返す子もたくさんいます。

医療の進歩に伴う社会の変化に合わせ、子どもと家族を支える支援団体や子どもホスピスが各地で立ち上がっています。ホスピスと聞けば、終末期を豊かに過ごす場所、という定義が一般的ですが、実は重症心身障がい児や医療的ケアを常時必要とする子どもが一定期間宿泊し、その間、家族が十分な休息を取り気分転換を図るという趣旨もあります。医療的ケア児の存在認知が進み、社会は随分と包容力を増してきたように思います。家族がホッとする時間を持てるような取り組みは今後も広がっていってほしいと願います。

しかし、ここでふと思います。


その先の支援は？

「子どもたち自身が、生きる喜びを得ること」に対してはどれほど注視されているのでしょうか。

すべては気づきから

ＳＨＪアーティストたちはといえば、医療や障がいについては素人ばかりです。だから重症心身障がいの子どもたちとどう関わっていいのかわからない、でも楽しんでもらいたいという気持ちがあります。わからないからわかりたいのだ、と学ぼうとします。どうせ障がいのある子にはわからないだろう、などと決めつけません。

病棟を訪問すると必ずと言っていいほど、重度の障がいを持った子どもが入院しています。障がい児への関わり方については戸惑いを抱くアーティストが多いことから、ある年の研修会で「重症心身障がい児への支援」という演題で特別支援学校教員による講義をしました。アーティストたちが熱心に聴講、質問していたことから、冊子として配布する必要性を感じ、講義の内容をボランティアハンドブックにしました。

障がいが重い子どもは、大きく分けて運動、感覚、意思伝達という3つにまつわる困難さに日々直面しています。運動の困難さがあると、思いどおりに身体を動かすことができないために自分でやってみるという行為が制限されます。見えにくさや聞こえにくさ、触覚の過敏など感覚に制約があると、私たちが普段何気なく受け取っている「どこ・だれ・なに」などの、コミュニケーションや行為の土台となる情報を十分に活用できない可能性があります。

このような「重症心身障がい児の置かれた状況」を踏まえ、「子どもたちの困難さに寄り添い、支援をスタートするためのヒント」を紹介しています。どのようにしたら子どもたちに楽しんでもらえるか悩むアーティストとアシスタント、また、SHJに限らない子どもと関わる病院ボランティア向けにつくりました。

最初は子どもの意図を正しく理解できず、間違った応答をしてしまっても大丈夫。子どもの意図をわずかな反応から汲み取ろうとする過程を通して「あなたの思いをわかろうとしているよ」と伝えることが大切です。

やりとりを重ねるごとに理解しわかり合えるようになる、という励ましに加え、子どもの変化を読み取って活動の手がかりにしましょうという意味を込めて、「すべては気づきから」というキーワードで締めくくっています（左ページはハンドブックの内容を要約したもの）。

活動の前に必ず冊子を読んで出かける、というアーティストも多く、またその後の研修会でも障がい児への関わり方への関心は高く、学び合いを継続しています。

わずかな反応しかなかった子どもも、働きかけ次第で身体を動かし表情は生き生きとします。

重症心身障がい児への支援
～子どもたちの困難さに寄り添い、やりとりを豊かにするヒント～

重症心身障がい児の置かれた状況

見た目の重度さからくる誤解

■ 環境が整えばできることが多くある
■ 見た目の重度さと内面にあるわかる力は関係しない

状況把握の難しさ

■ 見えにくさや聞こえにくさがあるため、必要な情報を得ることができず、見通しを持つこと、イメージを共有することが困難

伝わりにくさからくる弊害

■ 常に活動が、他者によって進められてしまう
■ 無力感・諦めが形成されやすい

子どもたちの困難さに寄り添い支援をスタートするためのヒント

子どもたちが状況を把握し、見通しを持つためのヒント

■ 常に丁寧な予告、状況説明をする
■ 始まりと終わりを明確にしたり、内容の順番を固定したりすることで活動のわかりやすい枠組みをつくると、子どもは次に何が起こるか予測でき見通しを持つことができる

など

子どもの無力感や諦めを防ぐヒント

■ 言葉を投げかけて、子どもの反応をこちらで解釈することでやりとりをスタートさせる
■ 働きかけ、そして待つ

など

「見えているのかわからない」
「この子に音楽がわかるかどうか」

そう言って諦めていた家族が「こんなに反応するなんて」と子どもの可能性に気づき、希望を持ちます。子どもの変化と家族の意識の変化を通して学びを深めたアーティストは、さらに工夫を重ねていきます。

在宅の子どものために

ともに過ごす家族やヘルパーは子どもの特性や性格、どこに困難があるかをよく理解しているので、家庭での日常生活はその子のペースが担保されていますが、障がいが重ければ重いほど、外出時はたくさんの障壁が活動を困難にします。障害者差別解消法が施行され、合理的配慮が求められても、やはりまだまだ理解は広がらずバリアフリー化は十分ではありません。

コミュニケーションにおいても、言葉でのやりとりなど意思の表出が難しい場合は、周りに理解を求めるのに相当なバリアがありますし、自己決定や選択に大きな支障をきたします。いずれにしても、彼らの主体的な活動を支えるためには特別な環境が必要です。さらに体調管理に欠かせないケアにかける時間も多く、在宅時間が長くなり、通学することが困難な場合があります。

特別支援学校には通学籍と訪問籍があり、訪問籍に対しては家庭訪問指導と施設等訪問指導があります。家庭訪問指導とは重度・重複障がいのため通学が困難な児童・生徒が対象となります。訪問籍の場合、指導時間数は週に6時間というのが一般的で、健康状態によってはさらに学習時間が減ることもあります。通学籍であっても体調が不安定なために毎日通うことが困難な子どもも少なくありません。

学習内容に関しても障がいが重たい場合には見た目の重度さのため、わかる力も低く見積もられ、高等部であっても教科書として絵本が配布されることが多くあります。さらに、現在のところ、特別支援学校高等部などを卒業したあとに学習を継続していくために必要な社会的資源も非常に限られています。

しかしどんな子どもにとっても生きることは学ぶことであり、自分の世界を広げることは生きる喜びであり成長の糧だと私は考えます。自宅を訪問し学習支援を行う団体も少しずつ立ち上がっています。

私たちも、在宅を強いられる子どもに、学びの時間を確保すること、そして特別支援学校卒業後も学習を継続できるようにすることを目的に、在宅訪問学習支援「学びサポート」事業を3年半前に開始しました。現在、特別支援学校の教員と言語聴覚士、音楽・美術アーティストがチームを組んで学びを支えています。

きっかけは、先述の重症心身障がいの子どもは対象外であるかのように、その子のベッドを通過した病院での出来事。障がいの重い子どもに対する社会の目がそこに凝縮されているように感じ、頭から離れなかったのです。彼らが退院して在宅を余儀なくされたときの疎外感や活動不足はいかばかりかと考えたとき、駆り立てられるようにこの事業を開始しました。

「学びサポート」では、その子が持っている力を十分に発揮してもらうために、微細な動きでも操作できるスイッチや視線入力などの支援機器を使用し、運動機能の制約に合わせた環境設定をしています。それにより、通常の環境では難しかった「自分でやってみること」が少しずつ実現可能になりました。コミュニケーション方法も50音文字盤、カード選択、パソコン、タブレット、視線入力機器、発声、まばたき、身体の動き、呼吸数などを様々に組み合わせ活用しています。学習時の姿勢も重要です。姿勢を安定させるために高さがその場で簡単に調整できるオリジナルの机も、学習支援ボランティアが業者とともに開発しました。

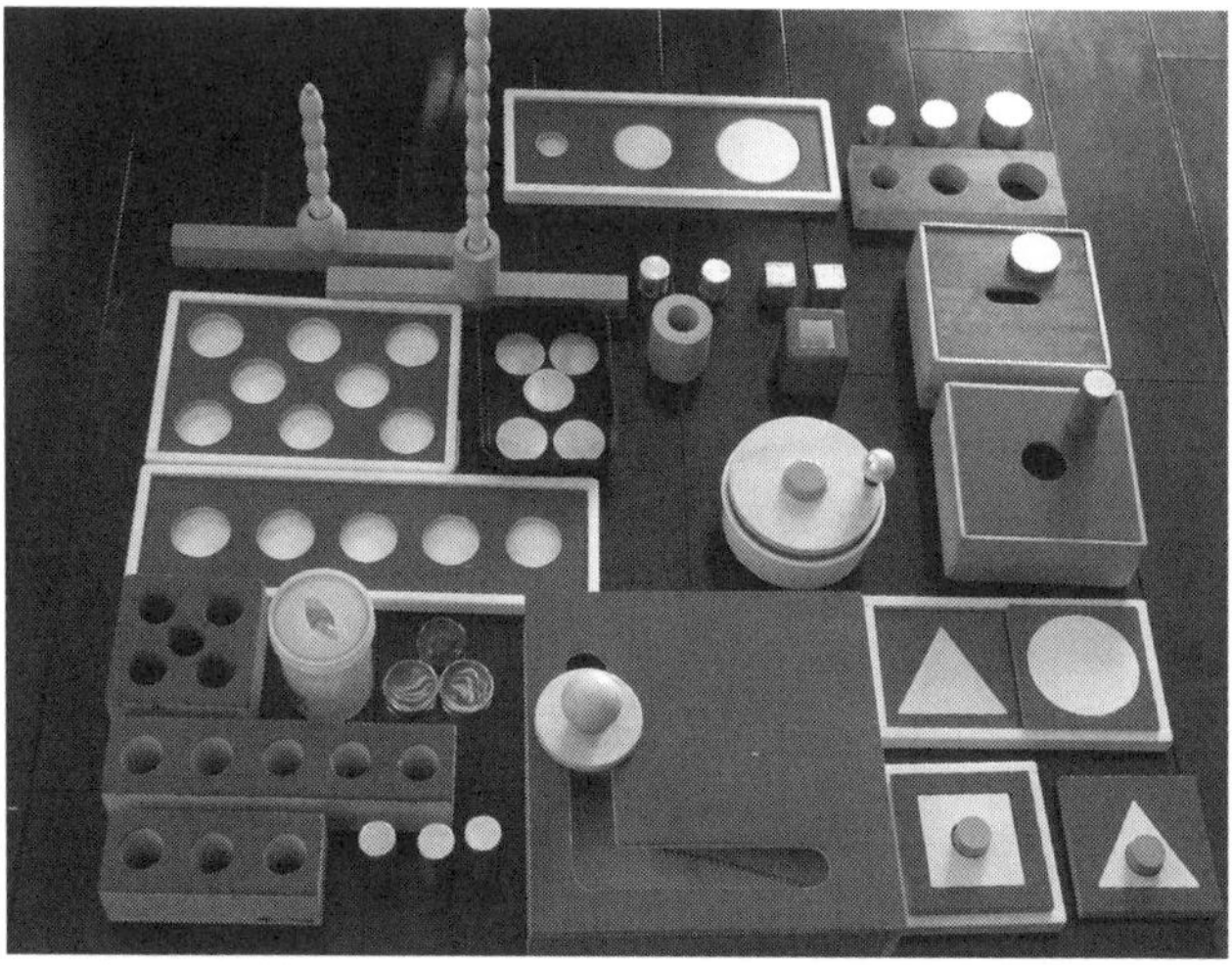

オリジナルの教材

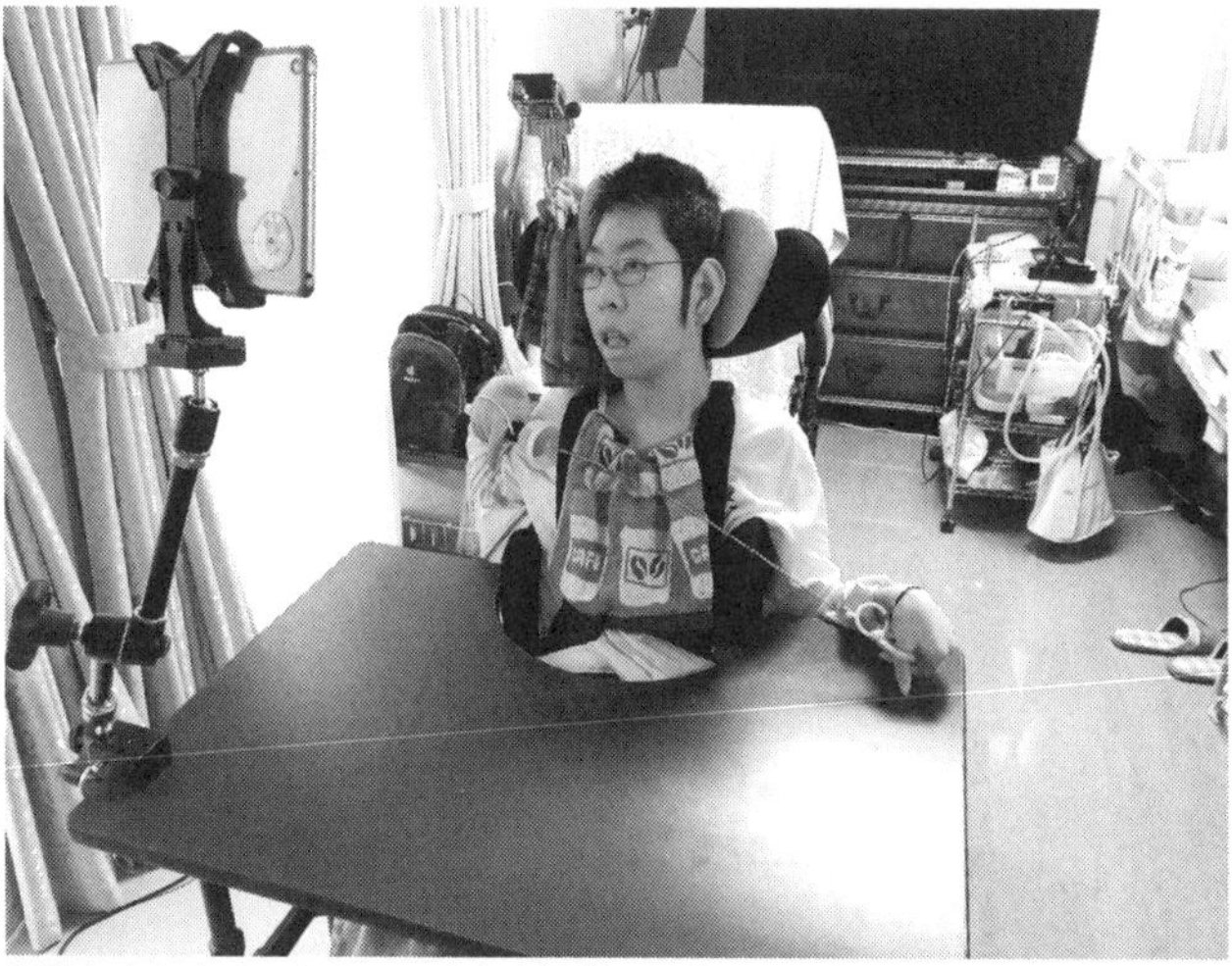

姿勢を安定させるために、高さを簡単に調整できる机

このような特別な学習環境を土台にしながら、国語、算数、音楽、美術などの学習に取り組んでいます。障がいのある子どもが学習するときには、まずそれぞれの教科の土台となる基本的な概念（たとえば、「量」や、「縦」「横」「斜め」「奥行き」といった空間的な位置関係など）を学ぶことからはじめます。これは「基礎学習」と呼ばれますが、基礎学習では、感覚に制約がある場合にもわかりやすい、シンプルではっきりした手応えがある、オリジナルの感覚教具を使います。操作のしやすさ、見やすさ、わかりやすさなど、それぞれの子どもの困難さに合わせてつくったものです。

たとえば、算数の学習では数の棒などの手作りの算数セットを使います。目で見て量を把握することが困難な場合には、紙と鉛筆ではなく、身体の感覚で量を実感できる教具を操作しながら量のイメージをつかむことが重要です。国語の学習では、凸文字教具を使います。凸文字なぞりは目で見て形を把握するのが苦手な場合にも、触覚を手掛かりに身体の感覚で字形を学ぶことができます。

音楽の時間には、iＰａｄアプリのスイッチ操作や視線入力装置を活用し、パーカッションやコードを担当してもらい、ピアニストとセッションしたり作曲にも挑戦しています。美術でも道具を工夫し、素材を実感することを大切にしながら自分のペースでものづくりをします。

訪問時、子どもは柔らかな表情で迎えてくれます。活動を通して真剣な眼差しや懸命に取り組もうとする様子が見られ、生き生きと楽しそうな笑顔も見られます。

「やっぱり勉強のときはいい表情だね」

「この子、もともとこういうのが得意なんです」

そう言って、ご家族は頬を緩ませます。

在宅では必ずご家族が活動を見学します。ときにはアシスタントとして参加することによってより的確な支援に繋がり、また、作業自体が親子のコミュニケーションに一役買うこともあります。

「この子がここまでわかっているとは知りませんでした」

活動をともにすることで、制約が多い分諦めていたけれど、方法さえ工夫すればできることがたくさんあることを知り、わが子の可能性に気づいた、親としても希望が持てるようになったと、話すご家族もいます。

また、テクノロジーを活用しながら活動に真剣に取り組む姿を見て、勉強が好きなんだなと感心したなど、知らなかった一面を知り、あらためてわが子を理解することができた、という声もあります。

重度の障がいのある子どもでも、工夫次第で一緒に活動することができる、これは私たちにとって大きな学びとなっています。まだまだ地固めの段階ですが、子ども一人ひとりの自尊心や人格に寄り添って、彼らだからこそその世界を最大限に広げていけるような支援を進めていきたいと考えています。

おわりに――笑顔のサイクル

2012年5月に始まった活動は、今では北海道から沖縄まで、全国14都道府県に広がっています。活動する病院、施設の数は2021年3月現在、44となり、登録アーティストは約160人、アシスタントやコーディネーターなどの運営スタッフは30人、事務局スタッフが13人関わっています。各地区では、コーディネーターが中心となって運営しています。病院・施設により、方針や雰囲気、患者さんへの向き合い方もそれぞれで、戸惑いながらも勉強の毎日です。

たった数年でどうしてここまで成長したの？　そうよく聞かれます。「必要としてくれる現場が増えたから」「仲間が増えていったから」など様々な理由が考えられます。

ではなぜそのような現象が起こったのでしょうか。それは、「入院という子どもたちの日常を豊かにしたい」という思いを持った人たちがいて、活動を通して、その思いが共有され、つながったからだと思います。

団体として「子どもは病いや障がいがあっても成長していく」「アートを通した豊かな時間がその後押しをする」という確固たる信念を持ち続けることで、それに共感する人たちが集まりました。そして、共感というエネルギーを真ん中に、学び支え合うサイクルができているように感じます。

現場で何が起こっているのでしょう。

プロのアーティストによる活動に参加することで、子どもは喜び、自分らしさを取り戻します。受け身の多い生活のなかで子どもが自ら楽しむ姿は、家族の笑顔や安堵を誘います。さらに家族の笑顔が子どもを安心させます。

アーティストは、子どもたちから気づきや学びを得るとともに、自らが磨いた技術が人に勇気と喜びをもたらすことで人生の喜びを得ます。この上ないやりがいを、周りのアーティストに伝えることによって、ボランティアの輪がどんどん広がります。アシスタントは子どもと一緒にアートを楽しみながら活動を支えることに、大きな価値を見出します。

病院スタッフ・施設職員は、緊張の連続の日々のなか、自身の気分転換になると同時に、病いや障がいに向き合わせざるを得ない子どもたちが、心の底から笑っている様子にホッと胸をなでおろします。

子どもたちが笑顔でいるために大切にしていること、それは活動に関わる人それぞれが笑顔でいること。笑顔になれるから子どもは活動を心待ちにし、目一杯楽しみます。笑顔になれるからアーティストもアシスタントも事務局もみんな活動を続けます。

そんな笑顔のサイクルが生まれているのです。

現場に芽生えたこうした笑顔のサイクルが、「子どもたちの日常を豊かに」というみんなの思いを、ますます強固なものにしていると感じます。「活動が生きがいです」「今では大切なライフワークです」「新しい人生が開けました」という言葉をくれる人たちもいます。このサイクルはとどまるところを知りません。一人の力でできることはとてつもなく小さく限られています。それでも、一人、二人と思いを分かち合える人が増えていきました。

その土壌には、アーティストやスタッフ、関わるすべての人がお互いに、そして、子どもから学ぼうとする姿勢があります。学び合うことで、信頼が生まれ、互いに支え、高め合っているのです。この学び支え合う関係が続いていき、スタッフのパッションが消えない限り、ＳＨＪは持続可能な団体であり続けられるのだと確信しています。

＊＊

これからも、アートが闘病意欲と生きる喜びに欠かせないという理解が広がり、すべての小児医療現場で、子どもたちが主体的に取り組めるアート活動が導入されるよう、取り組んでいくつもりです。そして、子どもたちが退院後、闘病生活を過去の辛い出来事として封印してしまうのではなく、楽しかった記憶や頑張ったという誇りを、生きる力に少しでもつなげてくれたらと願っています。

あわせて、重症心身障がい児がケアだけではなく、学び生きる歓びを得られるような取り組みを、そしてそれを通して重い障がいのある子どもの尊厳を世に問うために、在宅学習支援を充実させていきます。

私たちの活動は、定期活動と言っても、多くて一つの病棟に週に1回訪問するのがやっとです。できることならどの病棟も毎日違ったワクワクを届けたいくらいなのです。そのために、これからも活動の輪を広げていきたいと思っています。

アーティストが、唯一無二のアートを子どもたちと惜しみなく共有することで、子どもだけでなく、家族や現場スタッフに潤いと変化をもたらすこと、そして子どもたちから学び成長できることを綴ってきました。もしこの本を手に取ってくださったアーティストでＳＨＪの活動に興味を持たれた方がいらっしゃいましたら、ご一報いただければ嬉しいです。

また、子どもとアーティストがのびのびと活動できるように、現場との橋渡しをしたり活動を支えたりするアシスタントの存在は大変重要です。子どもと一緒に本格的なアートに参加する活動はとても楽しいといいます。アシスタントとして興味を持たれた方もお問い合わせください。

地区をとりまとめるコーディネーターはまず新しい地区を設立するとき、そして活動の継続には欠かせない重要な存在です。居住の地域都道府県でのＳＨＪ立ち上げをとお考えの方がいらっしゃいましたらご連絡をお待ちしています。

医療現場の方がもしこの本を手に取ってくださったら、入院生活をアートで豊かにする可能性を考えていただけると嬉しいです。子どもたちが辛い治療を乗り越えられるように。心の底から笑顔になるように。活動に関心をお持ちになられましたら、ぜひご連絡いただきたく思います。

執筆中に新型コロナウイルスのパンデミックが発生しました。感染予防のために小児病棟でも早い段階でボランティア活動が休止となりました。

患者の命を守ることは最優先ですが、前述のように、どんなことが起こっても子どもは日々成長します。安全を確保しつつ、学びと成長という観点から、楽しみや文化的な活動を入院生活において可能な限り保障することはとても大切なことだと考えています。そのような考えのもと、アーティストの訪問による活動には及びませんが、できるだけ子どもが主体的に活動できるような工夫、たとえば塗り絵やオリジナルステッカー作りなどのアクティビティの提供や、アーティストによる参加型動画「スマイリングちゃんねる」の配信などを行っています。

また、「SHJ子どもとアート研究会」という研究会を立ち上げました。社会の状況が変化するなかで、子どもたちにどうやってアートを届けるかを考え、実行する会です。アーティストや医療関係者、患者家族はもちろん、会社員、主婦、学生などアートで子どもたちを応援したいという多様な方々が集まっています。今後も多くの方にご参加いただくことで、さらに活動を充実させていきたいです。

私たちの活動が、社会の変化のなかでこれまでの意義を持続できるよう、必要な変革をしつつ子どもたちに寄り添っていきたいと思っています。

謝辞

右手の軽い麻痺の症状は、私に初心を思い起こさせます。

根詰めてPCに向かっていると肩の痛みが現れ、無理するな、と警告してくれます。「先生、もういい年なんだから……」と院内学級でともに過ごした面々が現れ、「思い立ったら即行動」の性分をたしなめてくれているようでもあります。忌々しい事故も辛く長かった入院とリハビリ生活も、今となっては命いっぱい今日いちにちを大切に生きろという導きだったように思えてなりません。

教員になったの？　それなら、と身を置く場として院内学級が与えられました。そこで気づかされたのは、他でもない「瀕死の事故から生還し長い苦難を乗り越えた」という自分の驕りです。

「力になります」「一緒にがんばりましょう」などと思い上がる自分を待ち受けていたのは、初めて担任をした優くん。すでに余命を宣告され身体の機能は徐々に失われ、力なくベッドに横になっている彼との出会いでした。

結局担任として何もできないまま、彼は最期のときを迎えました。

それがこの活動を始めた原体験。

優くんはたまたま担任になった私に、これから医療現場で始めるべきことに気づかせてくれたのです。その気づきを形にするために私が始めた活動がたくさんの共感を得て、さらに病いや障がいと闘っている子どもたちへの共感が重なり、少しずつそして自然に団体は大きくなり活動は広がっていきました。ＳＨＪという共感を持ち寄る場所をつくって本当に良かったと、心から思います。

この本の企画が通ってから2年が過ぎました。文章を書くことは自分にとって一番と言っていいほど苦手な作業でしたが、いざ取り掛かると思いが溢れ筆が進んでいきました。これまでの出会いに思いを巡らし感謝し、ときに反省しましたときに自分をねぎらい、あらためてこれまでを整理することができました。

ここまで書いてこられたのはいうまでもなく、たくさんの方たちの支えがあったからです。最後の最後になりましたが、ここで述べさせていただく感謝の気持ちは生涯忘れることはありません。

まず、団体の発展のためには設立者がその経緯を書きしるさなくてはならない、という周りからの励ましにより、ブログを書きはじめ、団体を始めたきっかけを綴っていくうち、この内容をぜひ本にしようということになり、企画書をつくりました。この段階で背中を押してくれた団体のメンバーには最初にお礼を言わなくてはなりません。共感してくれ応援してくれ一緒に活動してくれ、そして雑務を引き受け書くことに費やす時間を用意してくれた事務局のみなさん、ありがとう。

そして、企画書作成時に貴重なアドバイスと激励をくださった教育ジャーナリストの車尾薫さん、まさか自分が本を？　と到底実現できるはずがないという気持ちを支えてくれ実現に力をくださいました。

憧れの英治出版に企画を認めていただいたときは天にも昇る気持ちでした。プロデューサーの安村侑希子さん、平野貴裕さん、桑江リリーさん、石﨑優木さん、そして英治出版社長の原田英治氏はじめ社員のみなさま全員に心から感謝いたします。伝えたいことを伝わりやすくまとめる作業は苦しくもありましたが、とても充実していて書くことがどんどん好きになっていきました。

日大板橋病院医師の平井麻衣子さんは、ＳＨＪの取り組みに揺るぎない信頼を置き病棟での様々な機会を与えてくださり、子どもたちの未来のために一緒に頑張りましょうと手を取り合ってくださいました。執筆を進める上でも度々協力いただきました。

院内学級の現状についてファクトチェックしてくださった東洋大学教授の谷口明子さん、「松本さんの思い溢れる本を！」と応援してくださり大きな支えになりました。

また、インタビューに答えてくださった医師や看護師、病棟保育士のみなさんには多忙な勤務中にお時間を割いていただき、感謝に堪えません。

イラストレーターのイスナデザインさん、装丁家の三木俊一さんは、活動のイメージをわかりやすく表現してくださいました。

誰より、設立のきっかけを与えてくれ、苦しいときに励まし続けてくれた故高橋精一氏、活動開始から背中を押し、支え続けてくれるアルバート・ロイヤーズ氏に感謝します。

私が活動のプランを最初に打ち明けたアーティストのマル先生は、出版を喜び、本の完成を誰よりも楽しみにしてくれていた一人でした。コメディアンの彼は、活動が軌道に乗るまで、ときに茶化しながら励まし支えてくれた理解者でした。無念にも、執筆完了直後、マル先生の訃報が届き、しばらく受け入れることができませんでした。

この場を借りて心から感謝と哀悼の意を捧げます。

日々活動してくれているアーティストやアシスタント、ボランティアのみなさんには本文のなかで伝え続けた通り、感謝の気持ちを忘れたことはありません。

趣旨に賛同し活動を導入くださっている全国の病院や施設からの理解と協力は今後も欠かすことはできません。

設立から認定取得に至るまで、そして今もお世話になっているのは東京ボランティア・市民活動センターと認定NPO法人シーズ・市民活動を支える制度をつくる会のみなさま、初年度からスポンサーとして支援くださっているFCAジャパン株式会社（Fiat Chrysler Automobiles Japan）さま、支援団体の日本財団「難病の子どもと家族を支えるプログラム」の関係者のみなさま、その他多くの団体や企業、個人のサポーターのみなさまへは感謝してもしきれません。

活動へのビジョンが私の口から言葉となって現れた瞬間からずっと支え続けてくれている夫には、感謝の言葉さえ見つかりません。

優くんをはじめ出会ったすべての子どもたちへ。

大切なことを教えてくれてありがとう。みんなの生き方は私の人生にインスピレーションを与えてくれました。いただいたたくさんのメッセージを文字にし表現することはとても難しかったけれど、おかげで少し成長できたかな、と感じています。貴重な勉強の機会を与えてくれ、心からありがとう。

最後に、この本を手に取ってくださったみなさまへ。

お一人おひとりに直接お会いしてありがとうと言いたいです。これからも病いや障がいと闘っている子どもたちを一緒に応援していけたらこれほど嬉しいことはありません。

２０２１年５月

松本惠里

著者

松本 恵里

Ellie Matsumoto

認定 NPO 法人スマイリングホスピタルジャパン代表理事。

外資系銀行勤務ののち、子育て中に教員免許取得。2005 年東京大学医学部附属病院内、都立北特別支援学校院内学級英語教員に、09 年国立成育医療研究センター内、都立光明特別支援学校院内学級同教員に着任。

病院の子どもたちと過ごした経験をもとに、12 年、病いや障がいと闘う子どもたちをアートで支援する団体、NPO 法人スマイリングホスピタルジャパンを設立。

* この本の印税はすべて、認定 NPO 法人スマイリングホスピタルジャパンの活動に役立てられます。

* 活動にご関心のある方は、
こちらのサイトにアクセスしてください。
https://smilinghpj.org/

[英治出版からのお知らせ]

本書に関するご意見・ご感想を E-mail (editor@eijipress.co.jp) で受け付けています。

また、英治出版ではメールマガジン、Web メディア、SNS で新刊情報や書籍に関する記事、イベント情報などを配信しております。ぜひ一度、アクセスしてみてください。

メールマガジン	：会員登録はホームページにて
Web メディア「英治出版オンライン」	：eijionline.com
ツイッター	：@eijipress
フェイスブック	：www.facebook.com/eijipress

夢中になれる小児病棟
子どもとアーティストが出会ったら

発行日	2021 年 6 月 16 日　第 1 版　第 1 刷
著者	松本 惠里
発行人	原田英治
発行	英治出版株式会社
	〒150-0022 東京都渋谷区恵比寿南 1-9-12 ピトレスクビル 4F
	電話　03-5773-0193　　FAX　03-5773-0194
	http://www.eijipress.co.jp/
プロデューサー	安村侑希子　平野貴裕　桑江リリー　石﨑優木
スタッフ	高野達成　藤竹賢一郎　山下智也　鈴木美穂　下田理 田中三枝　上村悠也　山本有子　渡邉吏佐子　中西さおり 関紀子　片山実咲
印刷・製本	中央精版印刷株式会社
校正	株式会社ヴェリタ
イラスト	イスナデザイン
装丁	三木俊一（文京図案室）

ISBN978-4-86276-290-0　C0030　Printed in Japan